U0725359

陈希孺

机会的数学：统计学入门

著

A Simple Introduction to

MATHEMATICAL
STATISTICS

人 民 邮 电 出 版 社

北 京

图书在版编目（CIP）数据

机会的数学：统计学入门 / 陈希孺著. -- 北京：
人民邮电出版社，2021.12
（图灵新知）
ISBN 978-7-115-57411-4

Ⅰ. ①机… Ⅱ. ①陈… Ⅲ. ①统计学－普及读物
Ⅳ. ①C8-49

中国版本图书馆CIP数据核字(2021)第190730号

内 容 提 要

本书是由陈希孺院士创作的统计学入门科普读物。书中通过讨论"偶然性""机遇"等生活中常见的现象，通俗地介绍了概率和统计的基础知识，讲解了收集和分析数据的基本思路。此外，作者详细阐述了数理统计分析的思维与方法，并结合实例讲解了"抽样调查""试验设计"的原理与统计方法的选择技巧，以帮助读者加深对统计学的理解，提高统计分析的思维能力，在信息社会中正确运用数学知识来把握机遇。

本书可作为一般读者的统计学入门参考书，也适合相关专业的学生、教师和科研人员阅读学习。

◆ 著　　　　　陈希孺
　　责任编辑　　武晓宇
　　责任印制　　周昇亮

◆ 人民邮电出版社出版发行　　北京市丰台区成寿寺路11号
　　邮编　100164　　电子邮件　315@ptpress.com.cn
　　网址　https://www.ptpress.com.cn
　　北京捷迅佳彩印刷有限公司印刷

◆ 开本：880×1230　1/32
　　印张：8　　　　　　　2021年12月第1版
　　字数：134千字　　　 2025年1月北京第11次印刷

定价：69.80元
读者服务热线：(010)84084456-6009　印装质量热线：(010)81055316
反盗版热线：(010)81055315
广告经营许可证：京东市监广登字20170147号

　　我们在生活中不时地要与偶然性打交道。不期而遇的偶然机会，可以帮助人们渡过难关，也可能使人陷入困境，甚至决定一个人一生的命运。至于偶然性因素影响重大事件进程的例子，在历史与现实中屡见不鲜。

　　偶然性看似不可捉摸，它能否成为科学研究的对象呢？我们说在一定程度上是可以的。之所以说"在一定程度上"，是因为这反映了我们知识的局限性。的确，我们现在不能说已成功地将偶然性的极其多样化的表现都纳入科学研究的范围，而只能说有部分的成功。但这已有了广泛的应用，对增进人类文明和幸福做出了重要的贡献。

　　我们所提到的这部分成功，所指的是偶然性的数量化。偶然性，或者说机遇，随情况的不同而有大有小，这是人所共知的。但如何把它用确切的数字体现出来，尤其是，这样做会引发出什么概念和理论问题，有什么用处等，就不是很容易理解的了。

iv

　　本书的目的就是对此做一个通俗而不失科学性的讨论，主要着重于"偶然性"研究在收集和分析数据上的应用。收集和分析数据是用实证方法研究自然和社会的基本方法，也是我们用科学的态度观察和对待世间万事万物的手段，可以说与我们的生活息息相关。

　　因此，写这本小书的目的，不是单纯从"工具理性"的层面着眼，而是更着重于基本知识的介绍和统计观点的培养。可以认为，对偶然性的认识，是一个现代人知识结构中应具备的成分，是一个人的人文素质的一部分。正如英国学者威尔斯所说："统计的思维方法，就像读和写的能力一样，将来有一天会成为效率公民的必备能力。"

目录

第1章　概率
——机会大小的度量

　　有人说，一个人一生事业的成功，取决于三个因素：主观的努力、客观的条件和机遇。一个青年研究工作者得到名师指点方向，使他的研究工作走上正轨，从此学业日进。这固然有其自己的努力和单位提供的条件等原因，但机遇的作用也不可否认，因为水平高而又热心指导后进的导师虽然不少，但你能不能遇上，也是要看机会的。

　　打井找石油也是在一定的程度上依赖于机遇，因为地质科学还没有发达到令我们对地表下的情况洞悉无遗，能使我们做到百发百中的地步。气象预报也一样，虽然现在气象科学的水平大有提高，但离准确预报天气还相差很远。报得准不准，相当程度上是一种机遇，而且有的预报现在就是以机遇的形式去表达的。例如说，明天的"降水概率"是 0.3，即是说明天有 30% 的机会下雨。到底下不下雨，最终还要取决于一个难于言明的机会。

　　最能体现机遇作用的事情，是形形色色的博弈活动。后文我们将谈到，对机遇进行数学上的研究起源于博弈活动，此事并非偶然。买奖券可以中大奖，也可能一无所获，一切全凭机遇，而且是"纯粹"的机遇，与个人的努力无关。不像打井找油，前期的地质勘探工作做得如何起很大的作用，做得好就能提高成功率，缩小机遇的影响。另外，博弈属于大量重复的活动，而机遇如果有什么规律性可言，也必须在大量重复中才能体现出来。

机遇、机会、偶然性、随机性（随机即随机会而定的意思），在本书讨论的范围内，有同一的意义，指的是一种在事前没有确实的把握，只能在事后见分晓的情况。买奖券时对能否中奖是没有把握的，要待开奖后才见分晓。打一口井能否出油，事先有两种可能，要打到一定深度才知道。气象、水文、地震等领域的预报，是突出提示了一种可能性（如今年长江会有或不会有大洪水），究竟如何，要到时候才有答案。**与偶然性相对的是必然性，即事先能确切地预知其结果的情况。**例如把水煮到 100 摄氏度，水就必然会沸腾，这件事你可以确信必将发生而不必亲自动手去试一试。科学的目的就在于去探讨和发现这种必然的规律性，以指导我们的行动。近几百年以来科学有了很大的进展，使人们认识了很多必然的规律性，用于指导人们的行动，从而大大改善了人类的处境。但科学上的探索永无止境，总有不少未被充分认识的事物、未充分理解的规律性，因此就总有机遇起作用的余地，这表现为人们行动上的盲目性并不时导致不理想的结果：打井不出油，投资于一个项目导致亏损，个人的勤奋努力未能获得预期的回报，等等。

照这种说法，机遇或偶然性之所以存在，是由于人类的知识的局限性。上帝是洞察一切、无所不知的，在他那里没有偶然性。或如某位科学家所说："上帝不掷骰子。"但凡人不是上帝，认知上有许多盲点，做许多事情有"碰碰运气"的成分，因而不能不受机遇的支配。这个解释，从一种"形而下"或现实生活的角度看，是说得通的，并有其启发或警策的意义。它告诉我们：要减少盲目性（即机遇或偶然性的影响），就得要多增进自己的学识，多参加社会实践，"活到老、学到老"，办事细心考虑周到，多权衡利弊得失等。这方面的努力多一分，偶然性的作用就少一分，事情按照自己期望的方式进展的机会就多一分。拿投资股市为例。大量的股民有赚有赔，其中不乏众多的、说不清楚的偶然因素。但不可否认，那些对股市运转有较多理论和实践知识，对市场情况有正确的分析并对相关信息有更多了解的人，其成功的机会要大得多。

不论怎么说，机遇（或说偶然性）无所不在，机遇伴随着人的一生（当然随人的情况而有异），这是一个无法回避的现实。因此，出现了以机遇作为研究对象的学科，这就是在本书中要向读者介绍的内容。

有人可能会问：世界上的事情是如此复杂，机遇起作用的方式又是如此多种多样、捉摸不定，你如何以科学的态度去研究它？会不会流于空谈，得不出什么有用的结果？

这问题提得很对。因此，我们首先要告诉读者的是，本书的目的很有限。我们既不打算从哲学的高度去分析偶然性是怎么一回事，也不可能针对种种具体事情去分析机遇如何起作用，如何避免可能有害的结果和争取有利的结果——每件事情况不同，它所需要的知识和经验也不同，空洞的议论无补于事。

我们的讨论只涉及关于偶然性的这样一个方面：虽说由于偶然性的作用，世上的万事万物呈现出一种无序、不可预测甚至纷乱的形态，但在这纷乱中，仍有一定的规律性可寻。 这种规律性不同于"水煮到 100 摄氏度就会沸腾"这类必然形式的规律性：它"基本上"正确，但容许有一定的误差或例外情况。例如，"高个子的人体重也较重"，这个说法基本上正确，但不是对每个具体的人都正确。问题在于，身高与体重的关系过于复杂，如果你要求找出一个百分之百确切的规律，那就什么也做不成。当然，问题不能停留在"基本上正确"这种笼统的、含糊的提法的水平上，而要求对问题中偶然性因素的作用做进一步的探讨，这就涉及本书的主题。

这个主题就是"机遇的数量化"。 不同情况下涉及的机遇大小有所不同，这是人人都承认并感受到的事实。但具体到要拿一个数字去精确刻画其大小，问题就完全不同。事实上，只是对某些类型的情况，我们才有可能做到这一点。这反映了一个事实：迄今我们对"机遇"这个东西的认识，还是很有限的。但就是我们所了解的这一部分，已有了极其广泛和重要的应用，它影响着人们对世界上万事万物的看法。所以，从非功利的观点看，它应该说是一个人素质教育的一种成分。这也是写作这本小书的目的所在。

一谈到数量化，就属于数学的研究领域，因此**本书的主题也可以简单地概括为"机遇（机会）的数学"，它包含数学中的两个学科分支——概率论和数理统计学。大体上说，前者属于机遇数量化的理论基础，而后者则是其应用**，更细致一点的解释将在后文中逐步展开。

1.1 古典概率——比率

10 个人，共分 3 张音乐会的票。当然无法每人分 3/10 张，一个大家都能接受的公平办法是凭运气。准备一个盒子，里面放 10

个大小和质地一样的球，其中白球 3 个，黑球 7 个。充分扰乱以后，让每个人抽出一个球，凡抽出白球者得票。

能不能抽到白球是由机遇所定的，在动手抽球之前对此毫无把握。用数学的语言，把"抽出白球"这件事称为一个"随机事件"，即其发生与否是随机会而定的事件，又称为偶然事件。

在这个安排中有两点是大家都能同意的：这是一个公平的解决办法；每个人得到票的机会都是 3/10=0.3。让我们对此做一点解说。10 个球的大小和质地都一样，在手感上无区别，抽球前经过充分扰乱，保证了没有哪一个球能先天地占据特殊的位置。因此，对第一个抽球的人来说，10 个球中的每一个都有同等可能的机会被抽出，或者说，在抽球之前存在着 10 个"同等可能"的结果，其中有 3 个是有利的结果。这二者的比值（有利结果数：总的结果数），就是（或者说规定为）"抽出白球"这个随机事件实现机会的大小，称为其"概率"，在数学上记为如下形式。

$$P(\text{抽出白球})=3/10$$

P 是英文 Probability（概率）的首字母，概率也有"机会的比率"的含义。在较早的著作中也有叫"或然率"的。其实，它不过是白球数所占比率而已。

这个例子自然地推广到一般的情况：假定有 N 个人，分 M 张票，M 小于 N。按刚才设计的抽球方式去分，任何一个人得票的概率是 M/N。再抽象一步，设想一个试验（抽球可看作一个试验）有 N 个"同等可能"的结果，其中有 M 个结果是使（或说有利于）某事件 A 发生，那么就把事件 A 的概率规定为 M/N。这个规定是大家都能同意的，因为，如果要想把此处涉及的机遇加以数量化，则除了用 M/N 这个数外，再也想不出有其他更合理的做法。不足的是，这个规定不是对一切情况都适用，因为它有两个前提条件：可能结果的总数为有限个；每个结果的出现有同等可能。后一个条件尤其重要，有的试验在理论上讲可以有无限个结果，但经过某种处置，可以近似地转化成有限个结果的情况。但是，"同等可能"这个条件一般都难于满足，这就大大限制了这个规定概率的方法所能应用的范围。

说实话，一项试验的全部结果是否有等可能性，是无法确切证明的。这个概念本身就不具备一种可供证明（或证伪）的清晰的含义，它更多是从感觉上去理解[1]。在抽球的试验中，盒中的球事先

---

[1] 有趣的是，也有学者从理论上探讨这个问题。例如，美国统计学家戴柯尼斯在 1998 年世界数学大会上的报告中说，他的研究证明，为把一副有 52 张的扑克牌洗透，用通常的洗牌法，得洗 7 遍才够。

经过充分长时间的扰乱，时间长到我们感觉到哪一个球都有同等机会处在某个位置，在这个感觉的基础上我们接受"同等可能"的说法。在打麻将、玩扑克时，每局开始前要仔细洗牌，使局中人感觉到，他拿到哪一手牌都有同等的机会。而这个感觉所根据的理由是：牌经过如此仔细洗了以后，能保证每一张牌都有同等机会处在任何一个位置上。在有些问题中，感觉没有提示这种可能性。例如投资一个项目，有两个可能的结果：盈利和蚀本。当决定做这一投资时，当事人一般总是感到盈利的可能性大些，不然他不会做这项投资。因此这里不存在等可能性，也就无法利用上述公式去计算他将会盈利的概率。说等可能性是一种感觉，并非忽视其实际背景，这种实际背景在客观上有理由使我们感觉或认可等可能性的存在，但无法在理论上确证它。

"盒中抽球"这个试验，简单且容易理解，常用来作为实际问题的模型，有重要的认识和应用的意义。比如电视台预报"明天的降水概率为 0.2"，这话的意思不大好理解，或者说，不易使人产生一种形象化的感受。实际上这句话的意思无非是：明天降水的机会，与从一个抽球试验中抽出白球的机会一样，只是在该试验中有 10 个球而白球有 2 个。这个讲法可能容易被更多的人所理解，其

不足之处也在过于简单。为说明这一点，让我们回到 10 个人分 3
张音乐会票的那个问题。我们用盒中抽球的模型（盒中 10 个球，3
白 7 黑）来处理这个问题。但抽球的次序有先后，这个次序的先后
会不会对抽到白球的概率产生影响？如果会，则这个安排就是非公
平的。虽然人们在直觉上都认为这次序无关紧要，但按照这抽球模
型的操作，道理可不易说清楚。第一个抽球的人，其抽到白球的机
会是 0.3，这一点没有异议。到第二个人抽球时，盒中只剩 9 个球，
并且其构成与第一个人抽的结果有关。要讲清他抽得白球的机会仍
是 0.3，就得费一把劲，且愈是后抽的人情况愈复杂。

下面我们要介绍一种办法，它能够在更多和更复杂的情况下，
体现出"同等可能"这个要求，这就是排列和组合。它们的区别
是：排列要讲究次序，而组合则不需要。举例来说，有 4 个相异
的物件，分别用 *A*、*B*、*C*、*D* 来记。从这 4 个物件中取出 2 个来排
列，不同的做法有：

AB, BA, AC, CA, AD, DA, BC, CB, BD, DB, CD, DC,

共计 12 种。若是取出 2 个来组合，则不同的做法只有

AB, AC, AD, BC, BD, CD

这 6 种。原因在于要计算次序，*AB* 和 *BA* 要算是不同的排列，但它

们是同一个组合，因为它们都由物件 *A* 和物件 *B* 组成。举一个形象的例子：某个中学要从 4 位教员中挑选 2 位，分别担任校长和副校长，则挑选的方法有 12 种，因为此处次序很重要。相反，若从 4 位乒乓球运动员中挑选 2 位参加双打，则挑选方法只有 6 种，因为在此次序没有意义。

一般而言，有 *n* 个相异的物件，从其中取出 *r* 个进行排列，不同的做法有多少种？用 $P(n, r)$ 记这个数目，公式为：

$$P(n, r) = n \cdot (n-1) \cdot (n-2) \cdot \cdots \cdot (n-r+1)，\qquad (1)$$

即把从 $n-r+1$ 开始到 *n* 为止的 *r* 个整数连乘。当 $n=4, r=2$ 时，就是刚才讨论过的例子。利用公式（1），因 $n-r+1=4-2+1=3$，得 $P(4, 2)=4 \cdot 3=12$，与前面给出的结果相符合。注意，在此处及以后，乘号常用一个点简记：$4 \cdot 3$ 是指 4×3。当然，点也用来记小数，这从文义不难分清。

公式（1）的证明不难。它利用下述的一般原则：如果办一件事要依次序经过 *r* 个环节，而完成第 1 个环节有 n_1 种不同的方法，完成第 2 个环节有 n_2 种不同的方法，以此类推，直到完成第 *r* 个环节有 n_r 种不同的方法，则办成这件事的不同方法总共有 $n_1 \cdot n_2 \cdot \cdots \cdot n_r$ 种。这里的理解是：哪怕在一个环节上做法不同，就算不同的方法。例如，由甲地到丙地途中经过乙地。由甲到乙有 5 条路可走，而由乙到丙有 3 条路可走，则由甲至丙不同的走法有 $5 \cdot 3 = 15$ 种。

我们把上述一般原则用于 $P(n, r)$ 的计算问题。先把"从 n 个物件中取 r 个去排列"这件事分解成 r 个环节去办。设物件自左至右排列。先从 n 个物件中取 1 个排在最左边，不同的做法有 n 种。次一环节是从剩下的 $n-1$ 个物件中，取 1 个排在（自左数起）第 2 位。因只剩下 $n-1$ 个物件，完成这一环节的不同做法只有 $n-1$ 种。下面再依次取排在第 3 位、第 4 位……第 r 位的物件，方法分别有 $n-2, n-3, \cdots, n-r+1$ 种。因而不同排法的总数，按上述一般原则，应是 $n, n-1, \cdots, n-r+1$ 这 r 个数连乘。

一个重要的情况是 $r=n$。这时依照公式（1），有：

$$P(n, n) = n \cdot (n-1) \cdot \cdots \cdot 3 \cdot 2 \cdot 1,$$

即最初 n 个正整数连乘，其结果称为 n 的"阶乘"，记为 $n!$。例如，$5! = 1 \cdot 2 \cdot 3 \cdot 4 \cdot 5 = 120$。$n!$ 是把 n 个相异物件按任意次序排列时，所能排出的不同样式的总数。

得出了排列数 $P(n, r)$ 的公式，组合数的公式就不难推出了。从 n 个相异物件中取 r 个组合，其不同做法的总数 $C(n, r)$ 的公式如下。

$$C(n, r) = P(n, r)/r! = n \cdot (n-1) \cdot (n-2) \cdot \cdots \cdot (n-r+1)/r! \quad （2）$$

道理很简单。每一个由 r 个物件构成的组合，都可以将这 r 个物件任意排列，其数目如刚才论证的为 $r!$。因此，排列数 $P(n, r)$ 应为组合数 $C(n, r)$ 的 $r!$ 倍。所以，$P(n, r) = r! \cdot C(n, r)$，即公式（2）。

例如，从 5 个相异物件 A、B、C、D、E 中取 3 个组合，按公式（2），不同的做法有

$$C(5, 3) = 5 \cdot 4 \cdot 3/3! = 60/6 = 10$$

种。这里我们也不难逐一举出组合的结果。

$ABC, ABD, ABE, ACD, ACE, ADE, BCD, BCE, BDE, CDE$

这与用公式（2）算出的结果相符。

用排列（或组合）的安排去体现等可能性的要求，就是把总数为 $P(n, r)$ 的各种排列（或总数为 $C(n, r)$ 的各种组合）看成是等可能的。我们用"随意取"这 3 个字来表达这个意思，在实际操作上要体现出这种随意性即等可能性，需做一番布置。例如 5 双大小各不相同的鞋共 10 只，要随意取出 4 只加以排列，可以这样做：在一盒中放 10 个大小和质地一样的球，上面分别书写数字 1, 2, …,

10，同时把 10 只鞋也编号为 1 至 10，把盒中的球充分扰乱后，让一个人依次从中取出 4 个以排成一列，然后把取出的 4 个球换成与其数字相同的鞋。在球"充分扰乱"的前提下，我们认可：所有可能的 $P(10, 4) = 5040$ 种排列有等可能性，即其中每一个排列有相同的机会（1/5040）出现。

下面举几个实例说明排列组合方法在概率计算中的应用。先看那个 10 人分 3 张音乐会票的问题。我们曾讲到，用"抽球模型"的困难，在于不明确其机会是否与抽的次序有关，即怎样去证明，不论你排在第几位去抽，你得票的机会总是 3/10。采用排列的方法，这一点容易看清楚：10 个人依次随机抽出一球，在效果上等同于把这 10 个球随意排成一列，每种排法有等可能性。因此，把这 10 个球自 1 至 10 编上号，不妨把 3 个白球编成 1 号、2 号和 3 号（把球编号的目的是使 10 个球成为相异的，以适应前面"n 个相异物件"的提法）。再把 10 个人也自 1 至 10 编上号。把 10 个球自左至右随意排成一列，让 1 号人取最左边的球，2 号人取次左的球，以此类推，在这一安排下，10 个人的地位完全是对等的（在抽球安排中，每人轮到时盒中剩下的球数不同，故表面上看各人似乎不对等），因而有一样的机会拿到白球，即 3/10。这一点不难通过计算证明。以编号是 4 的人为例（他要拿自左数起第 4 个球）。10 个球任意排列，排法的总数，为 $P(10, 10) = 10!$。这是这个"试验"的可能结果总数。为使"编号为 4 的人拿到白球"这一事件实现，其有利排列方法数目可计算如下。首先，自左数起第 4 位应放一个白球，即 1、2、3 号球中之一，其不同的做法有 3 种。这步做了以后，剩余的 9 个球可在剩余的 9 个位置任意排列（而不影响编号为 4 的人取得白球），其做法共有 $P(9, 9) = 9!$ 种。这样，有利于"4 号人拿白球"这事件实现的排列总数为 $3 \cdot 9!$，而其概率为 $3 \cdot 9!/10! = 3/10$。

再看一个例子。有 4 双大小不一的鞋共 8 只，现随意把它们分成 4 堆，每堆 2 只，问"每堆都恰成一双"这一事件 A 的概率有多大。"随意分成 4 堆，每堆 2 只"的意思是，把 8 只鞋分成 4 堆，每堆 2 只的方法（即不同的分法）有许多，而做法要保证每一种可能的分法都有同等机会出现。你可以想出很多模型（其每一种都使人们认可其同等机会性）来实现这一点。最简单的是下面的安排：把 8 只鞋随意排成一列，取最左的 2 只为一堆，次左的 2 只为一堆，以此类推。排列的等可能性保证了分堆的等可能性。把 8 只鞋随意排成一列的方法，有 $N=8!$ 种。有利于事件 A（每堆成双）实

16

现的排列总数可计算如下。左 1 位可自 8 只中任选一只，方法有 8 种。取定后，左 2 位必须与之配对，故只有 1 种取法。这两位定下后，左 3 位可在余下的 6 只中任取 1 只，方法有 6 种。取定后，左 4 位只有 1 种取法，以此类推，左 5、6、7、8 位依次有 4、2、1 种取法。故有利于事件 A 实现的排列数为

$$M = 8 \cdot 1 \cdot 6 \cdot 1 \cdot 4 \cdot 1 \cdot 2 \cdot 1 = 8 \cdot 6 \cdot 4 \cdot 2$$

按公式 $P(A) = M/N$，可如下计算。

$$P(A) = 8 \cdot 6 \cdot 4 \cdot 2/8! = 1/(3 \cdot 5 \cdot 7) = 1/105$$

最后看一个组合的例子。仍是 4 双大小不一的鞋共 8 只，把它们随意分成两堆，每堆 4 只。问："每堆恰好是 2 双"这个事件 A 的概率。

"分 2 堆，各 4 只"可以这样来实现。从 8 只鞋中随意取出 4 只成一堆（不计次序，是组合），剩下 4 只自成一堆。为了实现事件 A，只要取出的那一堆恰成 2 双就行。从 8 只鞋中取 4 只（组合）的做法，总数为 $C(8,4) = 8 \cdot 7 \cdot 6 \cdot 5/4! = 70$。有利于事件 A 实现的取法可如下计算。先把各双鞋分别用绳子捆在一起各成一堆，共 4 堆，然后在这 4 堆中取出 2 堆，取法有 $C(4,2) = 6$ 种。故事件 A 的概率 $P(A) = 6/70 = 3/35$。

这个题也可以用排列去做，但计算上要麻烦得多，主要是在计算有利于事件 A 的排列上。以上这两个题若用抽球模型去做就不好办。

基于试验结果的等可能性，用公式 $P(A)=M/N$ 规定的概率，叫作"古典概率"。这是唯一的一种情况，使事件概率能通过简单明了的方式去定义，并给出了简单可行的算法。"古典"一词，表明这一定义的起源古老。概率论是研究概率计算及与之相关的问题的学科，在概率论的萌芽期，研究的对象全限于古典概率。古典概率最先由何人在何时提出，文献中无明确记载，可以肯定的是它起源于（用骰子为工具的）赌博。**古典概率的概念在赌博活动中形成，乃是一种集体智慧。其中，16 世纪的意大利数学家和"赌博家"卡尔达诺（1501—1576）起了重要作用。**

骰子是一个均匀的正六面体，各面分别标示点数 1 至 6。由于质地均匀及其正方体形状，骰子在投掷时，或放在封闭容器内充分摇晃后，可以认为出现哪一个点（该面朝上）有同等可能性，即 1/6，这成为赌博公平性的基础。从 14 世纪以来，使用骰子作赌具在欧洲已蔚成风气，到后来才被扑克等所取代。骰子赌博的活动孕育出有关概率的一些最初的概念，其原因在于：（1）在赌博中机遇的作用特别明显，参加者出乎对自己胜负的关心，自然要注意到各种可能情况出现机遇大小的计算问题；（2）赌博是一种在同样条件下可以多次重复的活动，这有利于积累经验并与理论上的计算做比较；（3）骰子赌博中出现的情况不太复杂，有关的概率计算，在人们当时掌握的数学知识水平上能对付得了（扑克就复杂得多，所以以它为工具的赌博未能在早期概率论的发展中起多少作用）。它又不是过于简单，使一些概念能从中取得发展空间。骰子赌博在概率论发展中所起的作用，还可以从下述事实看出。直到 18 世纪前期，一些概率论大学者，如惠更斯、伯努利等人的有重要影响的概率论名著中，相当大一部分内容是讨论骰子赌博中的机遇计算问题。

回过头来说说卡尔达诺。他是意大利米兰一位律师的私生子，青年时选择的专业是医学。得力于其父是一位兼职数学教师，他还兼习数学。由于他沉溺于赌博以及其出身背景，求职不顺利的他，最后只好当了一名数学教师。但与一般赌徒不同的是，他参加赌博活动有一种理性的成分和出于研究的爱好。1564 年，他写了一本名为《机遇博弈》的著作（机遇博弈是指其胜负纯凭机遇的博弈，如掷骰子，与下围棋这类涉及技巧的博弈不同），但这部著作到他死后 87 年的 1663 年，才得以发表。他在书中认为，赌博是一种社会病，像生理上的疾病一样，有理由作为研究的对象。

这是概率史中最早的一本成书的著作，在历史上有重要地位，迟至 1961 年还出版了其英译本。他在书中提出了"诚实的骰子"的概念，指的是在投掷骰子时，其 6 面都有同等的机会出现。这是第一次在一个特例中明确提出"同等可能"这个概念，但他没有将其推广到一般的情况。不过，作为教学的目的，他提出了所谓"3 面骰子"及 4 面、5 面骰子的概念，这可以解释为他把等可能概念由 6 推广到 3、4、5。更重要的是，他引入了参赌者的"胜率"这个概念：设赌局有 a 个等可能的结果，其中 b 个结果使某赌徒得胜，余下 $c=a-b$ 个结果使他输掉，则定义他的胜率为 $b:c$ 或 b/c。按前述，我们定义该赌徒得胜的概率为 b/a。可以看出，概率与胜率的关系是：概率 = 胜率 / (1+ 胜率)。因此，他的这个提法，从实质上说，已达到了古典概率的定义的程度，可惜他没有明确提出来。不过，"胜率"这个概念一直沿用至今。

因为赌博时一般使用多个骰子，所以卡尔达诺把一个骰子 6 面的等可能性，推广到了多个骰子的情形。用他的话说就是，"几个诚实的骰子联合起来仍是诚实的"。以两个骰子为例，将其编号为

1 和 2，则投掷时有 6·6=36 种可能结果。

$$11, 12, \cdots 16, 21, 22, \cdots 26, \cdots, 61, 62, \cdots, 66$$

其中，例如"42"这个结果表示第一个骰子掷出 4 而第二个骰子掷出 2。卡尔达诺的意思是，如果两个骰子都是"诚实的"，那么以上所列的 36 个结果就具有等可能性。这个论断可类推到任意个骰子的情形。有了这个，就可以计算在多个骰子的赌局中，某种情况出现的机会有多大。让我们举一个现实生活中的例子。

若干年前，街上曾有过一种赌博的地摊。摊主让顾客投掷 3 个骰子，胜负的规则是：若顾客掷出 3 个骰子点数之和为

$$3, 4, 5, 6, 7, 14, 15, 16, 17, 18$$

这些数中之一时，顾客胜；若掷出点数和为其他数，即 8, 9, 10, 11, 12, 13 时，摊主胜。一时之间，上钩者不在少数。究其心理，大概是基于以下的考虑：掷 3 个骰子得到的点数和有 3, 4, 5, …, 16, 17, 18 等 16 种可能情况，而按规则顾客胜的有 10 种，这显得较为有利。实践结果多是摊主胜。其原委不难看出，关键在于这 16 个可能结果并无等可能性。把投掷 3 个骰子的总共 6·6·6=216 种结果，按字典序列如下排列。

$$111, 112, \cdots, 116, \cdots, 661, 662, \cdots, 666$$

　　按卡尔达诺的上述原则，这些结果有等可能性。但是，如果逐一检查这 216 个结果，那么就会发现，例如，其和为 3 的结果只有 1 个，而和为 10 的结果则有 27 个。因此，掷出和为 10 的机会，是掷出和为 3 的机会的 27 倍，二者远非等可能的。逐一检查还会发现，使顾客获胜的结果数只有 69，而摊主获胜的结果数有 147，情况远远有利于摊主。类似的骗局以不同的形式出现过，行骗的对象，就是那些对机遇大小缺乏数量概念，而易于被某些表面现象迷惑的人。

1.2　大数定律

　　让我们再回到最初讨论的那个"盒中抽球"的模型。盒中有 10 个球，7 黑 3 白。我们说"随意抽出一个球，得白球的概率为 0.3"，这是从取得白球的机会大小的角度看。其实，它不过是白球在全部球中所占的比率而已。

　　比率是一个极普通但是又极常用而重要的概念，在科技、生产和经济、社会乃至日常生活中，几乎是无所不在的。我们说对一个情况有数量上的掌握，往往就是指对有关比率有较确切的了解。比如说"某厂产品的合格率很高"，高到什么程度？还是不清楚，远不如给出一个具体的合格品率更说明问题。要考察一国或一地区的文盲情况，首要的指标是文盲率——文盲数目占全部人口数目的比率。当然还有文盲的年龄、地域和性别等方面的分布问题，但比率能给出一个总的概念。

因此，在现实生活中，有许多努力就花在搞清楚形形色色的比率上，在许多情况下这是一个需要花费大量人力、物力和时间的工作。如果从理论角度看，则不过是一个"盒子里有两种颜色的球"的模型。例如，对于某工厂的产品，白球代表不合格品而黑球代表合格品；对于文盲率问题，白球代表文盲而黑球代表非文盲，等等。无论问题的实际情况是何等复杂，若问题只涉及比率，就不影响这个模型的代表性。

这里我们看到数学这门学科的本质所在。对数学不大了解的人，容易把它看成一种高深玄妙、脱离实际的东西。**的确，数学里研究的形形色色的模型、运算、关系等，都是高度抽象的。但这种抽象根植于现实，并非凭空的想象。所谓模型，不过是把一大类本质一样但外表各异的问题，表述成一种规格化的模式而已，它虽是**

一种抽象，但有丰富的实际内涵，盒子模型就是一个极好的例子。
把这个模型有关的理论和方法研究清楚了，就可以用于像合格品率、文盲率等一切关于比率的问题。其实，数字本身就是一种高度的抽象。例如，"3"这个符号本身不能传达什么意义，必须是"3本书""3头牛"等与具体事物结合才产生意义，但这一抽象极有用处，这是大家都容易理解的。

把比率问题归结于盒子模型，问题就表述成：一个盒子中放了若干个黑白两种颜色的球，要搞清楚（或者说估计）白球在其中占多大的比率。不妨以 ω 和 b 记白球数和黑球数。现实问题中有如下几种情况。一种情况是，知道黑、白两种球个数之和 $\omega+b$。如文盲率问题，$\omega+b$ 代表一国或地区的人口总数，这往往有较可靠的统计资料。另一种情况是，ω 和 b 知其一而不知其和。此时，模型的目的也正在于估计这个和，下述所谓的"捉—放—捉"试验，就是一个很好的例子。有一个湖，其中有某种鱼，但不知总数 N 是多少。为估计这个数目，从湖中捉上来该种鱼若干条，数目记为 ω。在这 ω 条鱼上标上记号再放回湖中，等待相当长一段时间，以便使鱼能随机地在湖中散开（这相当于把盒中的球充分扰乱），然后从湖中捞起 n 条这种鱼，计数出其中有记号的有 m 条。利用已知的数 ω、n

和 m，就可以对总数 N 做一个估计，方法如下：ω/N 代表整个湖中该种鱼上有记号者的比率，而 m/n 代表捞起的那些鱼中有记号者的比率。近似地视二者为相等，即 $\omega/N=m/n$，得 $N=n\omega/m$。当然，这只是一种近似的估计而非严格相等。n 愈大，误差一般就愈小。

最后一种情况是，ω 和 b 这两个数都不知道。例如，想要估计在某个国家或地区的吸毒者中，受艾滋病病毒感染者的比率。但是，不论是这 3 种情况的哪一种，作为估计白球比率

$$p=\omega/(\omega+b)$$

的问题，其处理方法上没有多大差别（当知道总数 $\omega+b$ 时，有某种方便之处，但与目前我们这里的讨论无关），故在下面可以不管这一点。

我们的问题是要估计 p。如果真是"盒子里放球"的情形，那么问题就很简单：把盒中的球倒出来，查点出黑、白球各有多少就成。但实际问题中往往不容许这样做。如估计湖中有多少鱼，要这样做得排干湖水。又如估计文盲率，这样做相当于逐一检查全国人口，来查点出何人是文盲、何人不是，这样大规模的工作不一定可行。在估计工厂产品的合格品率时，对产品的检验可能是破坏性的，更不可能逐个进行检查。

　　所以，我们只能检查盒中的一部分球，且一般只是很小的一部分。但要记住，在现实问题中，球的总数 $w+b$ 一般是极大的（要不是这样就可以用普查的方法，即对盒中的球进行逐一检视的方法），故其很小的一部分仍可能是一个很大的数目。假定我们打算检视盒中的 m 个球。不妨设想球是一个一个地被抽出，共抽 m 次。这造成了一种复杂的情况，即盒中的球数在不断变化。对于这一点，我们在前面讨论 10 个人分 3 张音乐会票的问题时就曾指出过。为了简化问题，我们把球检视后仍放回去，以使在每一次抽球时，盒里总是保持 $w+b$ 个球。如果 $w+b$ 很大而 m 与之相比很小，则这个放回对结果不会有多大影响，因为一个球被重复抽到的可能性极低。但这样做在理论上有一个很大的好处，即各次抽球成为一个完全同一的试验的重复。"完全同一"表示：每次抽球时条件完全一样，即从有 $w+b$ 个球的盒中随机抽出一个来。"把完全同样的试验重复若干次"，在概率论中是一个极其重要的模型。由于它最初由伯努利所研究，故通称为伯努利模型（伯努利及其著作在后文中有介绍）。在此，我们又注意到数学的一个特点：数学中研究的种种模型，往往包含了对现实情况的简化。这是因为，数学方法的力量毕竟是有限的，对付过于复杂的现实问题往往无能为力。只要这种简化不与现实距离过远，或者说，所造成的误差不至于对结论的有用性造成较大的伤害，基于简化模型而发展的数学方法仍有其实用价值。

回到估计白球比率 $p=\omega/(\omega+b)$ 的问题。按上述有放回地逐一从盒中抽出 n 个球（每次抽出后，记下其颜色，再放回盒中，扰乱后重抽），记录白球出现次数为 m，比值 m/n 称为在这 n 次试验（抽取）中白球出现的"频率"。我们在直观上容易相信：至少在 n 比较大的时候，这个频率 m/n 应当与 p 比较接近，因而可以拿它作为未知的 p 的一个估计。从"等可能性"含义的分析上看，我们有理由相信这一点：考虑 3 白球 7 黑球的情况，把 10 个球编号为 1 至 10，其中 3 个白球编号为 1,2,3。设想抽了 1000 次，由于每号球之被抽出有同等可能，它应该反映在这一点上：在这 1000 次抽取中，各号球被抽到的次数应大致差不多。因为，如果差别过大，则说明某些球比另一些球被抽到的机会大得多，这有悖于"机会均等"的含义——自然，由于偶然性的作用，小的差别会有。这样，大体上每号球有 100 次左右的机会被抽到。因此，在这 1000 次抽取中，白球（1，2，3 号）出现的次数 m 大体上在 300 左右，二者的比大约为 $m/n=0.3$，而 0.3 正是盒中白球的比率。

当然，以上的讨论不能算作严格的论证。学过平面几何的读者知道，在数学上对论证的要求很严格。为证明一个几何定理，例如三角形的三条高相交于一点，要经过多步推导，每一步都要有严格的依据，一丝不苟。而在我们上述论证中，"大体上""左右""大约"这些含糊的字眼多次出现，这够不上数学论证的标准。

在历史上，第一个企图对"当试验次数 n 愈来愈大时，频率 m/n 会愈来愈接近比率 $p=\omega/(\omega+b)$"这个论断给予严格的意义和数学证明的，是早期概率论历史上最重要的学者雅各布·伯努利（1654—1705）。他出生于瑞士的巴塞尔，在他的家族中，有五六位成员曾在数学和概率论领域中做出过重要贡献，雅各布是其中最负盛名的。他的贡献中，最重要的、对后世起了最大影响的，就是刚才提到的"频率接近比率"这个论断的数学证明。说来有趣的是，他之所以研究这个问题，并非因为他对这个论断之真伪存在疑问。如他自己在著作中所说，甚至那些最愚笨的人，出于其自然的天性而无须他人指点，也会相信这一点。因为这个论断得到如此广泛的公认，它理应有其理论上的根据所在，他的目标就是找出这个根据。

　　除了这个问题以外，伯努利还对现代高等数学的基础——微积分的发展起了重要的作用。他生活的那段时期正值牛顿和莱布尼茨发明了微积分。伯努利与莱布尼茨有着良好的个人关系，他通过与莱布尼茨的通信，与后者探讨微积分研究中的问题。有的学者认为，他当时对这个重要领域的贡献，是牛、莱以下的第一人。

　　在现代，学者们进行学术交流的方式很多。交通和通信的进步，使个人接触和会议交流变得很方便，还有众多的期刊与专业著作等。在伯努利时代则不同，当时学术交流的主要手段，是学者之间的个人通信。就伯努利而言，他在概率论方面的研究，得益于与惠更斯的联系。**惠更斯（1629—1695）是欧洲当时最著名的概率论学者，他在 1657 年出版的著作《机遇的规律》，是卡尔达诺《机遇博弈》之后最有影响力的概率论著作，曾在长达 50 年的时间内成为这门学科的标准教科书。**伯努利与惠更斯长期保持通信联系，他仔细研究过惠更斯的上述著作，并为这本书写了详细的注解，这些都写进了他的成名作《推测术》中。

　　《推测术》在概率史上的评价很高。有的学者认为，它的问世标志着概率论脱离其萌芽状态而走向严格数学化发展方向的开端。

伯努利写这本著作是在他生命的最后两年（他死于 1705 年），在他去世时书尚未完全定稿。遗留的工作由他的侄儿、概率论学家尼科拉斯·伯努利完成，后又经过一番周折，这部著作才得于 1713 年出版。

该书分 4 个部分。前 3 部分是到那时为止有关古典概率计算所积累的一些成果的总结和提高。重要的是第 4 部分，在其中他用严格的数学方法证明了前面提及的那个结论：当 n 愈来愈大时，白球出现的频率 m/n 愈来愈接近白球在盒中的比率 $\omega/(\omega+b)$。

这个结论现在通称为"大数定律"。在概率论上还有许多类似的结果也称作大数定律，为加以分别，特别称呼它为"伯努利大数定律"。

伯努利大数定律的重大意义，在于它揭示了因偶然性的作用而呈现的杂乱无章现象中的一种规律性，或简单地讲，在纷乱中找到了一种秩序。如果你每天在盒中抽一个球并记下其结果（再放回去），当抽到白球时记以 1 而抽到黑球时记以 0，则你得到的是一串杂乱的数字，例如，

$$11000100111101100000010110\cdots$$

外表上看不出有何特征或规律性。如果有另一个人把你刚才所做的

重做一遍，他也得出这样一串由 0 和 1 构成的数字，同样杂乱无章，但与你那一串并不相同。伯努利大数定律告诉我们，这表面的纷乱之下其实存在着一种规律性，即在这数串中，1 所占的比率愈来愈稳定到一个值上面，此值即盒中白球的比率。在开始的一段中，比率的变化可以是很大的，这个稳定性要到数串的长度足够"大"时才显示出来，这正是大数定律这个名称的由来。

跳出这个盒子模型，对大数定律的意义做一种更宽广的解释，可以不夸张地说，它反映了我们的世界的一个基本规律：在一个包含众多个体的大群体中，由于偶然性而产生的个体差异，着眼在一个个的个体上看，是杂乱无章、毫无规律、难于预测的；但由于大数定律的作用，整个群体却能呈现某种稳定的形态。例如一个封闭容器中的气体，它包含大量的分子，它们各自在每时每刻的位置、速度和方向上，都以一种偶然的方式在变化着，但容器中的气体仍能保有一个稳定的压力和温度。电流是由电子运动形成的，每个电子的行为杂乱而不可预测，但整体看呈现稳定的电流强度。在社会、经济领域中，群体中个体的状况千差万别，且变化不定，但一些反映群体状况的平均指标，在一定时期内能保持稳定，或呈现规律性的变化。究其根源，都是由于大数定律的作用。

上文谈到的压力、电流等的稳定性，是一种从经验上观察到的事实。另一方面，我们又曾指出，伯努利用数学的方法严格论证了大数定律。这二者的关系该如何去理解？

这个问题牵涉到数学理论与现实世界的关系，值得花一点儿篇幅来谈谈。先看看伯努利的数学证明。盒中一共有 $N=\omega+b$ 个球，白球 ω 个，黑球 b 个。伯努利要求每次抽取一球时，N 个球中每一个有同等可能被抽到，至于在现实中能否和如何做到这一点，数学证明完全不管它，只把这规定为一个必须做到的前提。把这 N 个球按 1 到 N 编号，则 n 次抽取的结果是如下形式的一个序列。

$$a_1, a_2, a_3, \cdots, a_{n-1}, a_n$$

a_1 可以是 1 到 N 中任何一个数，$a_2, a_3, \cdots, a_n$ 也一样，因此，如上形式的序列共有

$$N \cdot N \cdot N \cdots N \cdot N = N^n$$

个。n 次抽取的结果可以是这 N^n 个序列中的任何一个，伯努利要求这 N^n 个结果有等可能性。这一点早在卡尔达诺 16 世纪的著作中已提到了。而且，在每次抽取时能保证等可能性的基础上，这一点看来也是不言而喻的。但我们仍得把它看成一个引申的假定，因为"等可能性"既然不是一个数学概念，那么用数学的形式推导去证

明这一点是不可能的。最后，伯努利将上述 N^n 个结果的等可能
性数学化解释为：其中任何一个序列在 n 次抽取中出现的概率都是
$1/N^n$。这一解释把"等可能性"这种模糊的概念转化为一个明确的
数学命题，在这个基础上，伯努利不难完成他的证明。

从现实世界的角度看，大数定律是无法严格证明的。这是因为
试验和观察，不论你进行得多长，只能是有限次。你把一个均匀方
正的骰子掷了万亿次，记录出 1 点出现的频率，极其接近 1/6。但
你怎么去证明，当你再继续掷万亿次时，仍能保持或缩小这个差距
呢？你就是做了，我还可以再提出投掷百万亿次，总是解决不了。
**因此，说到底，从现实世界的角度看，大数定律是人类观察到的一
个经验规律。**伯努利大数定律（及其他形形色色的大数定律）的意
义，在于对这样一个经验规律给了一个理论上的解释。在现实世界
中，尽管很难甚至不可能达到伯努利数学证明中那种理想化的条
件，但可以与之非常接近，因而伯努利证明的数学结论"基本上"
能适用。可以说，大数定律这个经验规律，一般人都能知其然，而
伯努利的研究成果告诉你所以然。

在历史上，不少的有心人也真拿这个定律作为试验验证的对
象。丹麦概率论学者克里克在二战时曾被拘留，在拘留中他做过几

个试验以打发日子。在一个试验中，他投掷一枚硬币达 10 000 次之多。硬币指定一面出现的概率被认为是 1/2。在投掷的初期，该面出现的频率摆动很大，后来逐渐平缓，在 0.5 的附近摆动愈来愈小，到 10 000 次终结时频率为 0.507，与 0.5 稍有差距。这可以有两种解释，一是由于偶然性的作用——虽则投掷次数之多使偶然性的作用大为减弱，但仍不能说没有作用。理论上的计算指出，当投掷 10 000 次时，频率仍可以有一个 ± 0.01，甚至更大一点的摆动幅度。另一种解释是，该面出现的概率并非确切地等于 0.5。这是指硬币的两面有形状不一的花纹，它使硬币的两个面并不严格地处在对等状态。掷骰子提供了更多可能的组合。在 19 世纪末，英国生物学家兼统计学家威尔登将 12 个骰子投掷了 26 306 次——相当于把一个骰子投掷 315 672 次，每次记录其是否"投出 5 或 6 点"，最后记录得"投出 5 或 6 点"共 106 602 次，频率为 106 602/315 672 ≈ 0.3377。按骰子均匀性，"投出 5 或 6 点"的概率为 2/6 ≈ 0.3333，与频率 0.3377 比，有 0.0044 的差距。这差距稍显大一些，因为投掷的次数极多。按理论，若概率真为 1/3，当投到 315 672 这么多次时，频率与概率的差距不可能超过 0.0013。这说明威尔登所用骰子很可能并非全都均匀。

18 世纪一位叫布丰的法国科学家做过这样一个计算。在平面上画一组等距离 a 的平行线，如图 1.1 所示。随机地向这平面上抛一根长为 l 的针，l 比 a 小，针可以与该组平行线之一相交，也可以不与任何直线相交，图中画出了这两种情况。理论上的计算表明，前一种情况发生的概率是

$$p = 2l/(\pi a)$$

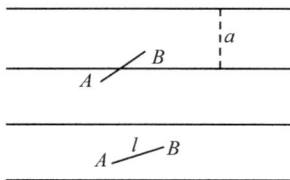

图 1.1　布丰试验

这里 $\pi \approx 3.141\ 592\ 6$ 是圆周率。后来不断有人对此进行实地试验，看得出的频率与上述公式的 p 相比差距如何。印度统计学家 C.R. 劳的著作《统计与真理》介绍了好几个这种结果，其中一位意大利数学家在 1901 年报道了他的结果：他投掷 3408 次，算得频率与之差距在小数点后的第 6 位。这么小的差距多少带有偶然性。在劳介绍的其余一些实例中，有投掷次数更多但接近程度不如者，这不仅不奇怪，且是合理的现象，原因还是在于偶然性的作用。

1.3　统计概率——频率

假定给你一个形状方正但质地不均匀的骰子，比如说靠近 1 点的这一边重一些，则在投掷时，这面落地的机会较大，因而 1 点对面的点出现的机会要大一些，其余各点出现的机会都受到影响。我们直观上能相信，投掷时各点出现的机会（即概率）都有一个定数，但即使你完全了解骰子中每一点处的密度，也无法用一种大家都能认可的方法，把各点出现的概率计算出来。

要指出的是，上文说直观上相信各点出现的概率有定数，实际上只是一种模糊的想象。因为，何谓概率，在此处的问题中说不清。在古典概率中这一点已解决，因为据"同等可能"的前提，已引入了大家都能认可的规定 $P(A)=M/N$，其中 M、N 并非抽象概念而是可以认知的。此处则不然，比如说，"掷出 6 点的概率"，不知道该怎样去定义它。

于是我们想到伯努利的大数定律。既然在"盒中抽球"的场合在理论上能肯定频率接近概率，而且观察也证明了"在很大次数的观察中频率愈来愈保持稳定",故有理由期望,这一点对像投掷一个非均匀骰子的情况仍能成立,而这在一定程度上可诉诸试验。这个考虑给了我们一种定义概率的方法。设有一个事件 A,它可以在相同条件下重复进行观察,原则上愿意重复多少次都可以。如在掷非均匀骰子中的事件 A "掷出 6 点",就是这样一个情况。我们反复地进行观察。设观察了 n 次而事件 A 出现了 m 次,m/n 称为事件 A 的频率。我们相信,当 n 愈来愈大时,频率 m/n 虽有些摆动,但幅度愈来愈小而最终会"趋近"于某一介于 0 与 1 之间的值 p,我们就把这个 p 定义为事件 A 的概率。在这个定义中,无须有"同等可能"的条件,但要求该事件可以在同样条件下重复观察,这是一个关键。

用这种方式定义的概率叫作"统计概率",因为它是通过"统计"(即进行观察)去定义概率的。德国概率论学者冯·米塞斯是其热心的支持者。他花了很多精力研究这个问题,力图为它发展出一套在逻辑上说得通的理论体系。1919 年他发表了一部著作,介绍了他的研究结果。然而,他的这个努力,从理论的角度看,并没有成功。困难集中在一点上:不进行无限次观察,就无法完全肯定频率的稳定性。虽则如上所说,我们根据经验和盒子模型下的伯努利大数定律，可以相信这一点，但"相信"不能代替严格的证明，因而不能作为一种理论的出发点。既然做无限次观察为不可能，其余一切就谈不上了。

虽然如此，从实用的角度看，概率的统计定义有重大的意义，在于它虽则不能（像古典概率定义那样）确切地定义出概率，但给出了一个通过实地观察或试验去估计概率的方法。且我们知道，只要观察或试验数目 n 足够大，频率作为未知概率 p 的估计，就有足够好的近似程度。因此，我们不妨把这看作一个概率的实用定义，而回避在理论上如何定义概率这个问题。

我们再提醒读者注意下述重要之点。**在古典概率的场合，事件概率有一个不依赖于频率的定义——它根本不用诉诸试验，这样才有一个频率与概率是否接近的问题，对这个问题的研究导致了伯努利大数定律。在统计定义的场合，这是一个悖论。你如不从承认大数定律出发，概率就无法定义，因而谈不上频率与概率接近的问题。但如你承认大数定律，以便可以定义概率，那大数定律就是你的前提，而不再是一个需要证明的论断了。**

那么，是不是可以说，大数定律是一个只与古典概率有关的结果呢？回答是否定的。事实上，从现实中观察到的频率稳定性的事实，并不只限于古典概率可用的场合，这使人们相信它确是一个普遍规律。这是从实用角度讲，现在要说的是，从数学理论的角度讲，这也成立，当然得有一些前提，这个前提就是概率的公理化。

数学推理是演绎性的。已被证明确立的结论，可以用来证明进一步的结论，这就是数学推导。这是数学与实际学科，如物理、化学、生物学等的一个根本不同之点。这些学科虽也用到理论性的推导，但一个结果的确立，需要实证——通过试验、观察的验证。数学的推理只要求合乎逻辑，没有实证的问题。但是，数学推理既然是基于已证的结论，而后者又要基于其他已证的结论，溯本寻源，作为最初的出发点，总有若干论断是无法证明的。这些都是一些简单且看上去合理、为大家公认的事实，在数学上就称为所谓公理。

在中学学过平面几何的人，不难理解这一点。在平面几何中，像"过两点有一条且只有一条直线""过直线外一点有一条且只有一条与此直线平行的直线"等，就是作为不加证明而接受的公理。这种公理共有几十条，在其基础上，用演绎的方法推导出整部平面几何的内容。

在 1933 年，苏联数学家柯尔莫哥洛夫把这种公理化的思想用到了概率上。从几条简单的公理出发，推导出其他内容。这些公理中有一条，是把事件概率的存在作为一个不需要证明的事实接受下来。在这个公理体系之下，大数定律就成为一个需要证明且可以得到证明的论断，而伯努利的证明也仍然适用。对这个问题的详细讨论，超出了本书的范围，只好就此打住。然而，需要强调的是，柯氏公理体系中关于"概率存在"的规定有其实际背景，那就是概率的古典定义和统计定义。

1.4 主观概率

一个企业家考虑投资一个项目，有两种可能的前景：盈利和亏损。为使问题简化，我们暂不考虑盈利或亏损的可能数额问题。在做出决定之前，他当然要估量一下盈利可能性的大小。用概率论的术语说，就是"盈利"这个事件发生的概率是多少的问题。

我们在直觉上可以接受这种说法：随着项目和外部情况的差异，不同项目盈利的概率有大有小，原则上可以用一个介于 0 与 1

之间的数去刻画它，问题是有没有办法算。

这种事件称为"一次性事件"，即过去之后再也不能重复了。企业家今后还可能投资别的项目，但条件已不一样，不是当前情况的重复。这种一次性事件在生活中遇得很多。如在2002年3月1日去预报2002年3月2日北京市区的气象，是一次性事件，因为只有一个2002年3月2日。火星上是否有生命也是一次性事件，因为只有一个火星。

当事件可以在同样条件下多次重复观察时，该事件的概率可由其出现的频率去决定，虽然它不是确值而只是一个估计，且不同的人通过重复观察所得频率也会有差异。但重要的是，大家公认这是一个客观的合理的方法。不同的人可能得出不同的估计，是偶然性的作用所致，而不是方法上的问题，何况在观察次数足够多时，不同估计之间的差异会很小，以致在应用上不具有重要性。

在一次性事件的场合，频率的方法不能用。到目前为止，还不存在一种得到公认的客观方法去计算其概率，因此只能诉诸主观判断。例如投资一个项目盈利的概率，不同的人的估计可以有很大的出入，这与各人的看法和倾向有关，尤其是，与其掌握的信息资料有关。

　　这种基于主观判断定出的概率，叫作"主观概率"。 有这么一个生动的例子，1999 年 1 月 14 日的《科学时报》对"神农架是否存在野人"问题的讨论做了报道。这当然是一个一次性事件，因为普天下并无第二个神农架。从报道上看，学者们的意见基本一致，即可能性很小。但意见一致之下仍有些不同，有的学者认为完全不可能，即把"神农架存在野人"这个事件的概率判为 0，另一位学者将其判为 0.05，还有的学者只判断"很小"但未给出数值。这就是各学者对这一事件发生所判的主观概率。

　　对主观概率，有两个问题值得讨论，一个是主观概率的本质是什么，另一个是它的有用性。

　　主观概率既冠以"主观"的形容词，表明它只是关乎该认识主体，在涉及信仰的问题时看得很清楚，所谓"信则有，不信则无"。上帝鬼神之有无，求神拜佛能否医治疾病，灵魂是否存在，做梦是否预兆吉凶，针对这一类的事，不同的人看法不同，但都讲不出能令人信服的道理。如果我说"灵魂可能存在"，甚或说存在的可能性为 0.8，这完全是我的一种主观意见，讲不出任何道理。但对于现实世界的事情则不然，主观虽是主观，往往并非没有一定的客观背景。正是由于这一点，主观概率才能成为一个有用的概念。

就拿上述神农架是否存在野人的问题来说，如果去征询一般人的意见，让他们各拿出一个数字来标示他们对"存在"相信的程度，会发现从 1 到 0 之间各种情况都有。原因是一般人多非专家，大多数也不甚关心和了解此问题的现状和信息，所说难免有"信口开河"的成分。但如上引《科学时报》的报道所述，在学者中虽说意见有些分歧，但在"可能性很小"这一点上是一致的，原因是他们作为专家，对情况判断有更大的客观性这一背景。又如企业家投资一个项目，粗枝大叶，不做调查研究，而对盈利的可能性做出的判断，是一种情况；仔细做了可行性研究而做出的判断，又是一种情况。虽则同以主观概率的形式提出，但由于其客观基础不一，价值也就不同。所以，人们在许多事上要征求专家的意见。专家也未必能给你一个明确的答案：某事该做不该做，该如何做。专家的建议也多是一个主观概率的形式：如果你这么做，成功的机会为 80%；如果那么做，则可能只有 50% 的机会成功。这就是主观概率。由于他是专家，人们相信其分析有更多的客观基础，而给予更高的信任度。

以上的讨论所反映的是这样一种观点：**主观概率是认识主体根**

据其所掌握的知识、信息和证据，而对某种情况出现可能性大小所
做的数量判断。当然在判断中不能排除他的信仰和倾向的因素，其
影响对自然科学性质的问题要小些。说一个人立场客观，在某种程
度上可以理解为，他在做出这种主观概率判断时，能尽可能排除这
类因素的影响。关于主观概率的本质，一直是一个有争议的问题，
上述看法（也是本书作者同意的）也许代表了一种主流的看法。重
要的主观概率论者，如凯依尼斯、杰弗里斯等，是这种观点的倡导
者和支持者。

主观概率的应用主要在于经济决策问题。在投资可行性研究
中，有些情况是掌握不确切的，或是将来的情况，目前只能预测，
这都是一次性的事件，无法通过试验去考察，只能在情况掌握不完
全的基础上，加进去主观判断的成分。若要进行数量上的计算，则
这种主观判断还须数量化，即用得着主观概率。比如说，原材料涨
价多少的机会有多大，市场容量处在某个范围内的机会有多大，都
得有数量上的估量。这样，对整个项目前景的估量才能达到定量的
水平。

主观概率的另一个重要应用是在数据分析方面。在许多情况
下，我们对一件事情做出估计和判断，全凭手头掌握的数据。但有

的时候，我们对此事有一些早先的知识，但又不完全，我们希望把这种知识以某种形式结合手头数据一起去分析，以增加结论的可靠性。由于这种知识不完全，在某些环节上必须加进人的主观判断，这就使主观概率有了用武之地。比如，甲、乙两位棋手在近一个月内赛了 10 局，甲 7 胜 3 负，让你比较二人棋艺如何。若你对此二人事先一无所知，则你只能在一个对等的基点上去判断（这也是一个主观判断，来源于你对此二人的不了解）。于是据目前数据，你会判断甲优于乙。但如果让另一个人来判断此事，而此人自认对这二位棋手以往较长时间的表现有些了解，则他会把这一点结合到当前数据中去考虑。如何结合，这需要将他以往的了解用某种数量的形式表达出来（数理统计学中讨论有关的细节），这种形式中将掺杂主观概率的成分。

这种分析数据的方法，发源于 18 世纪英国学者贝叶斯（1702—1761），而在 20 世纪得到发扬光大，被称为数理统计学中的"贝叶斯学派"。与之相对的，是主张只用到基于频率的概率，不允许主观概率起作用的"频率学派"。这两大学派的争论（部分是主观概率合法性之争），是 20 世纪数理统计学发展中的一个引人注目的事件。

1.5　概率分布

对一张奖券，不仅是获奖概率的大小问题，更重要的是各等奖金的数额及获得各等奖概率的大小。假定某个奖有 4 个等级，奖金分别为 10 000 元、1000 元、100 元、10 元，而获得这些等级奖的概率依次为 0.000 01, 0.0001, 0.001, 0.01，不得奖（奖金为 0 元）的概率是

$$1-0.000\ 01-0.0001-0.001-0.01=0.988\ 89$$

把这列成一张表（见表 1.1），这就构成了对这个奖最完整的描述。

表 1.1　某奖券的获奖概率

奖金数	10 000	1000	100	10	0
概率	0.000 001	0.0001	0.001	0.01	0.988 89

当你买一张奖券时，你可能得到的奖金可以是上表中的 5 个奖金数之一，具体要看你的运气如何。所以，若用符号 x 记"你得的奖金数"，则在开奖前 x 的值可变（还未定），所以是一个"变量"，x 到底取何值（开奖后的结果）依赖于机会。因此，x 是一个

"机会变量"或称"随机变量"。表 1.1 给出了 x 可能取的值及其相应的概率，称为 x 的"概率分布"。概率分布是随机变量的最完整的描述。正如在本问题中，你要想完整地了解这个奖的状况，就得了解表 1.1。

一商店每天向工厂进一批货，共 100 件，这里面会有若干件为不合格品而无法售出。以 x 记一批货中的不合格品数，设最大不会超过 6，则 x 可以取 0, 1, …, 6 这 7 个数值。单知道这个还不够，还要看 x 取这些值的机会大小如何。如 x 取 0，1 这些小值的概率很大，而取 4，5，6 这些大值的概率很小，则该厂供货的质量甚优，反之就不好。若分别以 $p_0, p_1, …, p_6$ 记 x 取 0, 1, …, 6 的概率，则可列成一个表（见表 1.2）。

表 1.2　不合格品数 x 的概率分布

不合格品数	0	1	2	3	4	5	6
概率	p_0	p_1	p_2	p_3	p_4	p_5	p_6

这就是不合格品数 x 的概率分布，构成了对工厂供货质量的完整了解。

概率分布中"分布"一词，指明全部概率（即 1）是如何分布在（分配到）随机变量 x 的各个可能值上的。它其实是一个很普通的用语。比如说某地区人口的年龄分布，就是指明各年龄段内的人口数占该地区人口总数的比率如何。在此，年龄 x 是变量，而比率就是概率。又如说我国大中型企业的地域分布情况，这里把不同地域用不同数字代替（以便将"地域"这个因素数量化），各个地域中大型、中型企业占全国大中型企业总数的比率，相当于取各个数字的概率，因而也可以用概率分布的语言去描述它。

实际问题中往往牵涉到一个或多个机会变量。了解机会在其中起作用的全部情况，也即其概率分布，常有基本的重要性。如人寿保险，保险公司不是只有 1 名或少数顾客，它面对的是很大的一群人，他们的寿命分布如何，比如说，一个已活到 50 岁的人，他再活 5 年、10 年、15 年等的机会如何，直接关系到保险公司赔付各种数量金额可能性的大小，而这又决定投保的条件。一个大的系统由各种元件以不同方式（并联、串联等）结合起来，元件的寿命是随机变量，各种元件的寿命分布，结合该系统的构造，就能决定该系统的可靠性（即正常工作的概率）。又如某地区有 10 000 人，要开一个邮局，问题是该邮局应设多少窗口。设得太少，顾客经常排长队，造成不便；设得太多，不少时候会有空闲，造成浪费。要定下一个合理数目，就需要了解在任一特定时

刻顾客人数 x（这受机会的影响，是一个随机变量）的概率分布。了解这个概率分布，就可以把窗口数定得满足一定的要求，比方说，有 5 个以上的人排队的机会不超过 0.05。再例如服装生产，有各种不同尺寸，各种尺寸的服装的生产量该占多大的比率？要回答这个问题，需要了解一些人体参数（如身高、腰围之类）的概率分布情况。

有的随机变量可以取很多的数值。例如，一大群人（例如，全国在校大学生，30 岁以下的现役军人等）的身高，可以取很多数值。还有一个度量单位的问题。通常在量身高时精确到厘米，但有时这还不够。由于可能取的数值太多，要一一列出取各个值的概率，不仅在表达上极其烦琐，更重要的是，在这种烦琐的表述下掩盖了概率分布的特点，于应用上很不利。因此，对这种变量，我们不采取逐一列举其概率的办法，而是设法定出如图 1.2 那样的一条曲线，称为概率密度曲线。此曲线位于一条横轴的上方，它与横轴一起所围成的面积为 1（表示全部概率为 1），而变量落在指定的两个数 a 和 b 之间的概率，就是图中用字母 A 标出的那一块条形的面积。如在人身高的例子中，若 $a=1.62$ 米，$b=1.78$ 米，则 A 这块面积表示该人群中随意挑出的一个人，其身高在这两个界限之间的概率。或说得更清楚些，是该群人中身高在 1.62 米到 1.78 米之间者的人数，占该群人数的比率。

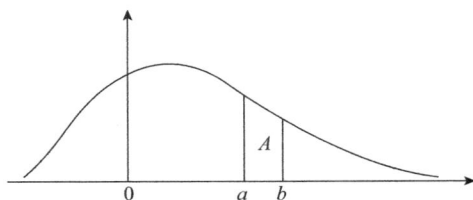

图 1.2　概率密度曲线

曲线的形式多种多样。形式过于复杂的，在应用上不便。有几种形式较简单的曲线在实际问题中很常用，**其中最重要的一种叫作"正态曲线"，又常称为"高斯曲线"，其所代表的概率分布，就称为正态分布或高斯分布。**高斯（1777—1855）是德国数学家。

"两头低，中间高"是一个极常见的现象。人的身高体重，取两头极端值的为少数，而在中间某个界限之内者居多。学生的成绩，特别好或特别差的一般为少数，多数是在中间段内。在贫富差距不很大的人群中，收入很高或很低者比例较小，占大头的是处在中间的情况，这要算一个比较显著的统计性的规律。但这种过于一般化的说法，对认识世界的意义不大。高、中、低的区分，在具体问题中总是人为的，标准不同，这几部分的比率也不同。因此，如果说把这个现象作为一个统计规律去看待，则需要赋予它更确切的内容。

比如，考虑"中国成年男性身高"这个指标，如果把高、低界限分别定在 1.90 米和 1.50 米，则中间的当然是大多数；若将界限分别定在 1.75 米和 1.65 米，则情况就两样了。正确的理解是这样：这个指标有一个峰值，比如在 1.72 米左右，以此往高的方向推，每单位区间内的人数呈下降的趋势；往低的方向推，每单位区间的人数也是呈同等程度的下降趋势。确切一点说，曲线有一个最高点，其在横轴上的投影为图 1.3 中的 μ。图中的符号 σ 将在后面做解释（μ、σ 都是希腊文字母）。在 μ 的两边，曲线呈下降趋势且是对称的。仅此还不足以完整地描述正态曲线。要做出完整的描述，必须写出其精确的数学方程式，但其形式需要懂得高等数学才能了解，这里就只好略去了。

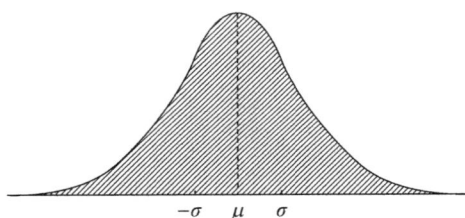

图 1.3　正态曲线

　　正态曲线不是指一条固定的曲线，而是指许多同一类型的曲线，其形状上的差别，完全取决于上文提到的符号 σ。在图 1.4 中给出了两个正态曲线。左边的一条陡峭，对应于较小的 σ 值；右边的一条较平缓，对应于较大的 σ 值。在两条曲线中，对应的 μ 值都是 0。图上标出的数字 ± 1, ± 2, ± 3, …，都是以 σ 为单位——2 就是指 2σ。右边曲线的 σ 大，因此 2 离 0 的距离，也比左边曲线 2 离 0 的距离要大些。在实际应用中，要定出一条正态曲线，需要把 μ 和 σ 这两个数值定下来，这往往要借助于对有关现象进行观察所得的数值，在统计学上称为样本。

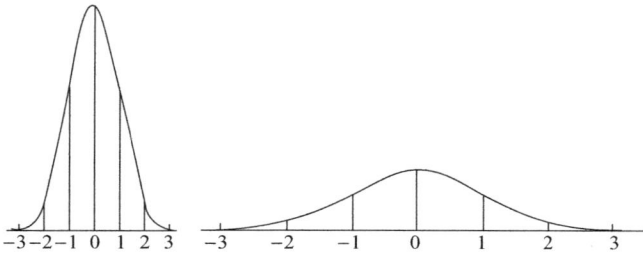

图 1.4　不同 σ 的正态曲线

　　为什么正态曲线在应用上有重要的地位？这是由于它有很大的普适性，能用于描述很多自然和社会等方面的现象。前面讨论的"两头低、中间高"这种规律，显示了这一点。更深一层次的原因，在于概率论中一个深刻的理论性结果，它表明，如果一个量的形成受到众多因素的影响，而其中任一单个因素起的作用都很有限，则这个量的概率分布，必可用正态曲线（近似地）去描述。此结果在概率论上叫作"中心极限定理"（其名称就显示了其重要性）。例如人的身高、体重、智商，对一个对象反复测量的误差，其形成原因都是多样化的，且单个原因起的作用都有限，因此其概率分布就接近于正态。

　　从历史上说，正态分布的发现，经过了若干大学者的努力。最早的发现者是 18 世纪 30 年代的法国概率论学者棣莫弗，他是在研究对一个概率做近似计算时发现这个分布的。但是，他只是把它作为一个近似计算的工具，而并非作为刻画随机现象的概率分布。之后，有几位学者从其余的途径得出这条曲线，但都未把它提到概率分布这个角度去看。直到 1809 年，德国的大数学家高斯，在研究测量误差的概率分布时，才第一次以概率分布的形式把这个分布提出来，所以这个分布有了"高斯分布"的名称。原来的德国货币马克上，印有取得伟大成就的科学和艺术名人的头像，其中 10 马克的钞票上就是高斯的头像，并附有一条正态曲线。高斯是一位在数学、统计学和天文学等方面都有许多杰出成就的伟大学者，但德国在设计钞票时却突出了正态分布这一项，可以看出人们对他这一项成就评价之高，以及这项成就对人类文明的重要性。

当高斯在 19 世纪初发现正态分布时，其应用还只限于天文和大地测量中的误差处理问题。到后来，经过一些学者，如比利时天文学家兼社会学家凯特勒、英国遗传学家高尔登等人的工作，正态分布的应用迅速扩大到许多自然和社会科学领域，这种状况在很大程度上一直延续到今日。如果说，充斥着偶然性的世界是一个纷乱的世界，那么，正态分布为这个纷乱的世界建立了一定的秩序。由于它，许多偶然性现象得以在数量上是可计算和预测的。

1.6　期望与方差

　　在概率论的萌芽时期，有一个问题曾对其发展起了一定的作用，即所谓分赌本问题。问题是下面这样的。甲、乙二人各出同等数目的赌注，比方说 1 元，然后进行博弈。每一局甲胜和乙胜都有同等概率，即 0.5。二人约定，谁先胜满 a 局（如在五番棋中，a=3），谁就取走全部赌注 2 元。到某时为止，甲已经胜了 b 局而乙已胜了 c 局，b、c 都比 a 小，而二人因故要中止博弈，问这 2 元赌注该如何分才算公平。

　　如果 b=c，则二人态势一样，平分赌注不会有异议。若 b、c不等，例如 $b > c$，则甲理应多分一些才公平。但具体的比例该如何才算公平，回答就不明显，因而一些学者曾提出过若干不同的解法。例如，帕西奥利提出按 $b:c$ 的比例分配（是他在 1494 年的一部著作中提出了分赌本问题）。塔泰格利亚在 1556 年提出按 $(a+b-c):(a-b+c)$ 的比例分配。他对这一解法并无充分的自信，因此又指出，此问题最好交由法官判决。法雷斯泰尼在 1603 年提出按 $(2a-1+b-c):(2a-1-b+c)$ 的比例分配。在上节中提到过的卡尔达诺，也在 1539 年提出过一个解法。记 $\mu=a-b$，$v=a-c$，μ、v 是甲、乙最终取胜尚需的胜局数，若 $b>c$ 则 $\mu<v$。他提出按 $v(v+l):\mu(\mu+1)$ 的比例分配赌注。

这些学者的解法，由于其立论的依据都没有抓到要害之所在，所以都不正确。正确的解法最先是 17 世纪的大学者帕斯卡找到的，时间是 1654 年。他的想法是这样的，假想这两个人继续赌下去，则至多不超过 $\mu+v-1$（μ、v 意义见上）局，就会最后见分晓。在这期间，甲、乙最后获胜都有一定的概率，分别记为 p 和 q（$p+q=1$）。当 $b>c$ 时必然 $p>q$。算出 p 和 q，帕斯卡主张赌注应按 $p:q$ 的比例去分配。

举一个简单的情况来算一下。设 $a=4$，$b=2$，$c=1$，则至多再赌 4 局即可分出最后胜负。这 4 局的结果有以下 16 种可能。

甲甲甲甲　甲甲甲乙　甲甲乙甲　甲乙甲甲

乙甲甲甲　甲甲乙乙　甲乙甲乙　甲乙乙甲

乙甲甲乙　乙甲乙甲　乙乙甲甲　甲乙乙乙

乙甲乙乙　乙乙甲乙　乙乙乙甲　乙乙乙乙

例如，"甲乙乙甲"一项，表示 4 局中，甲胜了第 1、4 局而乙胜了第 2、3 局。逐一检视以上 16 个结果，我们容易发现，前 11 个结果甲最终获胜，而后 5 个结果是乙最终获胜。因为二人赌技水平相同，16 个结果是有等可能性，故甲、乙最终获胜的概率分别为 11/16 和 5/16。赌本应按 11∶5 的比例分给甲和乙。

想得更深一层的读者可能会问："为什么按最终获胜的概率之比去分配是公平的？"其解释在于各人的"期望所得"。在最后 4 局未赌之前，甲有可能获得 2 元，但机会只有 11/16，因而他的"期望所得"只有 2·(11/16) 元 =11/8 元。同样，乙的"期望所得"为 2·(5/16) 元 =5/8 元。二人按各自的期望所得去分配应是合理的，而在此处，期望所得之比，与获胜概率之比是一回事，这样就解释了帕斯卡解法的合理性。

这个考虑引出了随机变量的"数学期望值"（常简称为期望）的概念。一般，如果一个随机变量 x 能够取的值是 $a_1, a_2, \cdots, a_r$，取这些值的概率为 $p_1, p_2, \cdots, p_r$，则把

$$E(x)=a_1p_1+a_2p_2+\cdots+a_rp_r \qquad (3)$$

称为 x 的期望。其道理与上面讲的一样，x 可能取值 a_1，但它真取此值的概率只有 p_1，故从这一部分它只能期望得到 a_1p_1。对其他各

值也类似分析，把各部分的期望都加起来，得到总的期望值，如公式（3）所示。记号 $E(x)$ 中的 E 是英文 Expectation（期望）的首字母。

从公式（3）看出，期望事实上是一种加权平均值。x 能取 a_1, a_2, $\cdots$, a_r 等值，我们能"期望"它取值多少呢？我们不能期望 x 一定能取其中的最大值、最小值，或其中某一特定的值，而只能是一种平均性质的数值，但不是普通的算术平均而是加权平均，每个值的权重等于其概率。这不难理解，某个值的概率愈大，它出现的机会就愈大，因此应占到较大的比重。

拿前面讨论过的奖券的例子说，奖金数 x 的概率分布为表 1.1，按公式（3），x 的期望是

$$E(x) = 10\,000 \cdot (0.000\,01) + 1000 \cdot (0.0001) + 100 \cdot (0.001)$$

$$+ 10 \cdot (0.01) + 0 \cdot (0.988\,89) = 0.4 \text{（元）}。$$

在一次实现（观察）中，期望值的意义不能充分体现出来。拿上例来说，你最终能得的金额，总是 10\,000、1000、100、10 和 0 这 5 种情况之一，不会是 0.4。期望的意义要在大量重复观察的情况下才能体现出来。设随机变量可能取的值为 a_1, a_2, $\cdots$, a_r，相应的概率为 p_1, p_2, $\cdots$, p_r。现在对 x 重复观察了 n 次（例如，同一奖券，

58

每星期卖一次，你在 n 个星期内每次买一张），假定在这 n 次观察中，x 的取值情况如表 1.3 所示。

表 1.3　n 次观察对应的 x 的取值

次数	n_1	n_2	$\cdots$	n_r
x 的取值	a_1	a_2	$\cdots$	a_r

n_1, n_2, $\cdots$, n_r 的和为 n。这样，在这 n 次观察中，x 取值的总和为 $n_1a_1 + n_2a_2 + \cdots + n_ra_r$（相当于你从所买的 n 张奖券中，所得的奖金总数），而每次的平均取值为

$(n_1a_1 + n_2a_2 + \cdots + n_ra_r)/n = (n_1/n) \cdot a_1 + (n_2/n) \cdot a_2 + \cdots + (n_r/n) \cdot a_r$

但 n_1/n 是在 n 次观察中，a_1 这个值出现的频率。按伯努利大数定律，当 n 增大时，频率 n_1/n 愈来愈接近于 x 取 a_1 的概率 p_1，即

$$n_1/n \approx p_1,$$

记号 $\approx$ 表示近似相等而非严格相等。同样的道理，有 $n_2/n \approx p_2$, $\cdots$, $n_r/n \approx p_r$。因此，当观察次数 n 愈来愈大时，有

$$x \text{ 的 } n \text{ 次取值的平均} \approx p_1a_1 + p_2a_2 + \cdots + p_ra_r = E(x) \qquad （4）$$

这样，我们得到 x 的期望值的一个清楚的解释：如果对 x 做大量次数的观察，则由于偶然性的影响，x 的各次取值将呈现出一种很纷

乱的状态，但其中有规律性在，即随着观察次数的增加，其平均取值的波动愈来愈小，最后稳定到一个值上面，此值即 x 的期望。从这个解释可以看出，期望的意义要在大量重复观察中才能体现出来，对次数较少的观察，期望值的意义不大。

拿买奖券的例子说，如果奖券售价 1 元，而得奖期望值为 0.4 元，这表示你每买 1 张奖券，期望损失 0.6 元，这只有在你以极大量的次数去购买时才能体现出来。如果你只是偶一为之，则也可能碰上好运气而获大奖。在这种场合下，期望值无助于估量你可能的损失，但它作为一个奖金额的综合指标，仍有其参考意义。

笔者曾去参观美国的著名赌城拉斯维加斯。该城遍布大小赌场，里面有形形色色的赌具，在有的赌法的规则中，可明显看出（或稍加计算可以看出）这样一个共同的特点，即在每局中庄家（赌场主）所得的期望值略大于 0。例如，有一处赌场明确标示出，你在该赌场的"吃角子机"（又称"老虎机"）中投入一个角子（25 美分的硬币），期望所得为 0.98 个角子（多数赌场的实际情况恐远低于此数）。

由于赌客众多，上述平均值的规律对赌场主来说是起作用的。

就是说，赌客每玩 1 次，赌场平均来说就有 0.02 个角子的收益。如果你只玩少数几次，多半是投进去一无所获，但偶尔也有碰运气拉出几百个的，这时平均的考虑不起作用。

对一个随机变量进行多次观察，其各次取值的平均愈来愈接近它的期望值，这样一个规律称为"关于期望值的大数定律"。如前面所指出的简单情况，这大数定律是由伯努利大数定律所推出的，但其意义比伯努利大数定律更广。这个定律最初是由俄国数学家切比雪夫在 19 世纪中叶首先提出，故常称为切比雪夫大数定律。到 20 世纪 30 年代，苏联数学家柯尔莫哥洛夫给了这个定律以一个更完备的形式，称为柯尔莫哥洛夫大数定律。

期望值及其大数定律的重大意义，根源于"平均"这个概念在应用上的普遍性。群体中各个体的表现是纷乱无章的。个别值在统计上意义不大，而平均值则有代表性，故我们谈到平均工资、平均住房面积、人口的平均寿命、某类人（如高级研究人员）的平均年龄、每亩地的平均产量等，都是期望这个概念在具体场合下的体现，而期望值大数定律则提供了一个在统计上估计这种平均值的方法。因为，按这个定律，如果我们观察了群体中足够多的个体，则这些个体数值的平均会很接近整个群体的平均值。

总之，期望，或平均值，对于描述一个群体，是应用最广的代表性数值。基于这一点，19 世纪比利时统计学家凯特勒（1796—1874）在 1835 年引入了所谓"平均人"（average man，也有译为"普通人"的）。所谓某群体的平均人，是一个虚拟的人，他在一切所关心的指标上，包括身体、经济、文化乃至心理、道德等各方面，都具有该群体的平均值。例如，某城市在校男大学生群体的"平均人"可能是：身高 1.72 米，体重 64 千克，每月生活费450 元，每天看电视 1 小时，等等。它可以当作文学艺术中的"典型"看待——但典型有时是指该群体中具有某种特性的人，不一定是平均。"平均人"是一个社会学概念，它给予群体一个形象的表达。如果我们要比较两个不同城市的男大学生群体，选择少数代表不一定能给出准确的印象，而通过其"平均人"的比较可以做到这一点。

平均值虽是刻画一个群体的重要指标，但不是完整的刻画。另一个重要指标是，群体中各个体的值在其平均值周围散布的程度如何。设一个学校某年级有两个班，各有学生 20 人，其某门课程考试的成绩如表 1.4 所示。

表 1.4 甲、乙两个班各 20 名学生的考试成绩表

甲班	分数	68	72	73	75
	人数	2	6	4	8

乙班	分数	10	65	73	90	100
	人数	2	2	10	2	4

化成百分率，甲班分数 x 和乙班分数 y 的概率分布如表 1.5 所示。

表 1.5 甲、乙两个班各分数的概率分布表

x	取值	68	72	73	75
	概率	0.1	0.3	0.2	0.4

y	取值	10	65	73	90	100
	概率	0.1	0.1	0.5	0.1	0.2

两班学生的平均分数相同，$E(x)=73$，$E(y)=73$。但明显看出，甲班学生成绩比较整齐，学生的分数都围绕在其平均值附近，散布的程度小。乙班则反之，其分数的两极分化较大。我们需要引进一个指标来刻画这种散布的程度。

以甲班为例，平均分为 73，学生的分数与这平均分的偏离记为 Z，则 Z 能取 4 个值，分别是

$$68-73=-5,\ 72-73=-1,\ 73-73=0,\ 75-73=2,$$

其概率分别为 0.1, 0.3, 0.2, 0.4，因此，偏差的平均值是

$$E(Z)=(-5)\cdot(0.1)+(-1)\cdot(0.3)+0\cdot(0.2)+2\cdot(0.4)=0,$$

这表明正负偏离两相抵消了，因此，"偏离平均"不是衡量分数散布程度的一个有用的指标。为克服这个困难，先把各偏离值做平方，以去掉负号再求期望，即

$$E(Z^2)=(-5)^2\cdot(0.1)+(-1)^2\cdot(0.3)+0^2\cdot(0.2)+2^2\cdot(0.4)=4.4,$$

这个值 4.4 称为甲班学生分数 x 的方差（Variance），记为

$$\mathrm{Var}(x)=4.4。$$

一般，如果一个随机变量 x 能取的值为 $a_1, a_2, \cdots, a_r$，相应的概率为 $p_1, p_2, \cdots, p_r$，先算出 x 的期望 $a=E(x)=a_1p_1+a_2p_2+\cdots+a_rp_r$，$x$ 各值与期望的偏差为 $a_1-a, a_2-a, \cdots, a_r-a$，则其平方的期望，即 x 的方差，为

$$\mathrm{Var}(x)=p_1(a_1-a)^2+p_2(a_2-a)^2+\cdots+p_r(a_r-a)^2。 \tag{5}$$

按这个公式，不难算出乙班学生分数 y 的方差是

$$\mathrm{Var}(y)=(0.1)\cdot(10-73)^2+(0.1)\cdot(65-73)^2+(0.5)\cdot(73-73)^2$$
$$+(0.1)\cdot(90-73)^2+(0.2)\cdot(100-73)^2=578。$$

此值远大于甲班学生分数的方差 4.4，反映出乙班学生程度不齐的

现象比甲班严重得多。这一点单从分数表上高低分的差距上，多少也可以直接看出来。有时，表面的观察不一定符合实际。设有两个随机变量 x 和 y，其分布如表 1.6 所示。

表 1.6　随机变量 x 和 y 的分布表

x	取值	10	20	30
	概率	0.001	0.998	0.001

y	取值	5	6	7
	概率	1/3	1/3	1/3

从表面上看，x 的取值在 10 到 30 之间，散布程度大；y 的取值集中在一个小范围的 5 到 7 之间，散布小。但若按公式（5）去计算的方差，不难算出：

$$\mathrm{Var}(x)=0.2, \qquad \mathrm{Var}(y)=2/3 \approx 0.667。$$

y 的方差比 x 大，与表面的看法不一致。其原因在于，虽则 x 取值的范围散布很大，但取两个极端值 10 和 30 的机会都很小，绝大部分概率集中在 20 这个值上，概率分散很小，因而方差也就小。好比一个群体中有 1000 人，其中 998 人的工资为 500 元，有一人的工资为 3000 元，另一人无收入。从差别幅度上来看，差别可达 3000 元，但绝大部分人的工资一样，所以从整个群体看，还是认为"工资差异甚小"。总之，方差不仅取决于变量所取之值，还要看其概率如何。

方差这个指标在应用上很重要。大批生产的工业产品，其质量指标的方差，反映该指标在产品中的稳定程度，在改善产品质量的工作中，是一个主要的注意对象；一种武器（如火炮、飞弹）在一定条件下向一目标射击，其着弹点偏离目标的方差，反映该武器的命中精度，是改进该武器系统时所关心的主要指标；一个国家或地区居民收入的方差，反映居民在经济上两极分化的程度，是研究社会的人以至决策者重视的指标。

方差在应用上有一点不便之处，即变量 x 的方差 $\mathrm{Var}(x)$，其单位是 x 的单位的平方。如 x 以厘米为单位，则 $\mathrm{Var}(x)$ 是以（厘米） ^{2} 为单位。为克服这个不便，取 $\mathrm{Var}(x)$ 的平方根

$$\sigma(x) = \sqrt{\mathrm{Var}(x)} ,$$

$\sigma(x)$ 的单位与 x 的单位一致，它称为随机变量 x 的"标准差"。

设有一个很大的群体，其个体的某项指标 x（如人的身高）在全群体中的平均值 a 未知，通过从该群体中抽得的若干个体的数值 x_1, x_2, $\cdots$, x_n（如抽出的 n 个人的身高）去估计它，从大数律可知，x_1, x_2, $\cdots$, x_n 的算术平均

$$\bar{x} = (x_1 + x_2 + \cdots + x_n)/n \qquad (6)$$

是一个合用的估计。当抽取观察的个体数 n 增加时，估计的误差会下降，但具体下降的速度如何呢？理论上可以证明，总的讲误差随 $\sqrt{n}$ 成比例下降。例如，$\sqrt{16} = 4$，$\sqrt{144} = 12$，12 是 4 的 3 倍。因此按上述规律，若甲的观察数为 16 而乙的观察数为 144，则总的讲，甲所做估计的误差将是乙所做估计的误差的 3 倍。注意，我们在行文中加上了"总的讲"的字眼，其意思是，"误差随 $\sqrt{n}$ 成比例下降"是一种概括性的、平均的意义，不是指每个具体场合都必然如此。拿估计一群人的平均身高 a 来说，某乙只从群体中抽出一个人做观测，有可能碰巧乙抽出的这人身高恰为 a，这时乙的估计是最准的。某甲即使抽取 100 人做估计，结果可能仍不如乙，而 $\sqrt{100}$ 却是 $\sqrt{1}$ 的 10 倍。这是由于误差的随机性所致。

这个规律的确切解释要用到标准差。如上所述，x 的标准差 $\sigma(x)$，反映 x 与其均值 a 偏离的程度，这是一个综合性的指标。如果对 x 观察 n 次得 $x_1, \cdots, x_n$，而按公式（6）计算其算术平均 $\bar{x}$，则可以证明，x 的标准差 $\sigma(\bar{x})$ 缩减到了原来的 n 分之一。

$$\sigma(\bar{x}) = \sigma(x)/\sqrt{n}$$

$\sigma(\bar{x})$ 的缩减意味着 $\bar{x}$ 的散布度缩减，即有更大的可能性取 a 附近的值，因而也就有更大的可能招致较小的误差。

在前面介绍正态分布时，我们曾指出它依赖于两个参数 μ 和 σ。μ 的意义在前面已有说明，它就是分布的均值。也曾提到，σ 的值决定了曲线的陡峭程度。σ 愈小，曲线愈陡峭，而这又意味着分布的集中度高。具体可以证明，σ 就是分布的标准差。通常，把具有参数 μ 和 σ 的正态分布用 $N(\mu, \sigma^2)$ 来记，这里的符号 N 是英文 Normal（正常）的首字母，另外要注意括号里的顺序，总是期望 μ 在前，方差 σ^2 在后。因此，一个具有期望 5 和标准差 2 的正态分布，要记为 $N(5, 2^2)$，或 $N(5, 4)$。

在正态分布的情况，用 n 个观察值的算术平均 $\bar{x}$ 去估计期望 μ，其所产生的误差与标准差 σ 和 n 的关系，有一个简单的描述，那就是"$\bar{x}$ 与 μ 的差距不超过 $c \cdot \sigma / \sqrt{n}$"的概率，即

$$P_c = P(-c \cdot \sigma / \sqrt{n} \leqslant \bar{x} - \mu \leqslant c \cdot \sigma / \sqrt{n}) \qquad (7)$$

与 σ 和 n 都无关，这里 c 是任意一个大于 0 的数。就是说，我们可以用 P_c 这么大的概率保证，虽然 $\bar{x}$ 不大可能恰好等于要估计的 μ，但它与 μ 的差距很可能不会超过 $c\sigma / \sqrt{n}$。我们不能百分之百地保证这一点，因为偶然性的缘故，$\bar{x}$ 与 μ 产生很大差异的情况，总无法

68

完全避免。

公式（7）中的 P_c 的值依赖于 c，可以从专门制备的"正态分布表"上查到。例如有

$$P_{1.6449}=0.90, \quad P_{1.9600}=0.95, \quad P_{2.5758}=0.99,$$

等等。公式（7）在实用上有多方面的用途，举一个例子，在应用上有时我们会面临如何决定 n 的问题。n 定得太小，则用 $\bar{x}$ 去估计 μ 可能产生过大的误差。反之，若 n 定得太大，则会造成不必要的浪费。如何确定 n，要根据对估计的质量的要求。比如说，要求以 0.95 的概率保证 $\bar{x}$ 与 μ 的差距不超过 0.5，因为 $P_{1.96}=0.95$，按公式（7），这等于要求

$$(1.96)\sigma/\sqrt{n}=0.5$$

或 $n=(1.96\ \sigma)^2/(0.5)^2=(15.3664)\cdot\sigma^2$。如果此数不是整数，则以其最邻近而大于它的整数取代之。例如算出的结果为 17.3565，则用 18 取代。这个解法要求已知 σ 的值，在应用中这不一定能做到。在 σ 不知道时，问题就大为复杂化。

观察次数 n 与用 $\bar{x}$ 去估计 μ 的误差之间的关系——平方根反比律，在历史上首先是由法国概率论学者棣莫弗在 1733 年发现的。不过他处理的只是一个特殊情况，用频率去估计概率的误差问题。

这个"平方根反比律"被认为是人类认识上的一个重要进步，要知道在很长时期内，学者们对这个关系该如何意见很不一致，有相当一部分人认为应与 n 成反比。

这个规律反映了一种"报酬递减"的性质。随着观察次数的加大，每再增加一次观察的收益（体现在用 $\bar{x}$ 估计 μ 的误差的下降上）减少，观察 400 次而做出的估计所产生的误差，较之观察 100 次而做出的估计所产生的误差，只缩小了一半。换句话说，后 300 次观察（在前 100 次观察的基础上）的效益，与前 100 次观察相同。这告诉我们，一味追求加大观察次数是无益的。如上例所示，概率论的方法告诉我们去决定一个合理的观察次数。

第 2 章　统计学
——收集和分析数据的学问

2.1   什么是统计学

在日常用语中，"统计"相当于"计数"。小至一个家庭、单位，大至一个国家，都有许多计数即统计的工作要做。世界各国大都设立了中央到地方的各级统计机构，负责收集关于人口、经贸、社会等各方面的数据资料。在一定意义上，这种活动可视为"统计学"这门科学的起源。丹麦统计史学家哈尔德认为，"统计学"和"统计学家"等词源出于意大利，统计学即国情学，对象是国务活动家感兴趣的事实，而统计学家则是"处理国务的人"。在这样广泛的意义下，统计学简直是无所不包了。经过演变，到 19 世纪，统计学定位为一门关于收集和分析数据的科学，但不涉及数据所来自的具体学科领域的研究。例如，一个统计学家可以帮助生物学家处理其工作中涉及的数据收集和分析问题，但统计学并不去研究生物学自身的问题。

用实证的方法研究问题，都要涉及收集数据以及对数据进行整理和分析，统计学就是研究做这些事情的方法和理论的学问。《不列颠百科全书》对统计学所下的定义是："统计学是关于收集和分析数据的科学和艺术。"这里特别提到"艺术"一词。当然，统计学是科学，不是像音乐、美术那样属于艺术的范畴。这个提法有其深意，后面会有机会说明这一点。

这个言简意赅的解释，突出了**统计学研究对象的两个方面：收集数据，分析数据**。收集数据是为了解决某一应用或理论上的问题。但单有一堆杂乱无章的数据，用处不大。我们需要去整理数据，从中发掘有用的信息并用适当的形式表述出来，然后用科学的方法进行分析，以针对所研究的问题得出一定的结论。例如，若要了解某城市某行业工人的收入情况，涉及的人数可能以万计，有关数据（如月收入）可以订成一本几百页的册子，我们很难直接和方便地从中得出什么有用的结论。如果数据经过整理，比如说以50元为间距将各段收入的人数及其在全体人数中所占的百分比列成一个表，那么它就可以告诉我们不少东西。我们也可以按一定的收入标准划分出贫困、温饱、小康和富裕几大类，使用图表显示出各类别的人数和百分比。我们还可以通过与本行业过去的资料进行比较，或与其他行业横向比较，做进一步分析，等等。这类调查研究在新闻报道和各种出版物中不时有所提及。

从历史上说，最早对大量统计资料进行系统整理并出版专著的，要推 17 世纪英国学者格朗特（1622—1674）。他是伦敦一家服装店店主的儿子，早年在店里作为他父亲的一名助手，后来子承父业。工作之暇他刻苦学习，靠自学成才。他生活的年代正好是黑死病在欧洲流行之时。这是一种可怕的传染病，夺去了许多人的生命。由于这个原因，自 1604 年起，伦敦教会每周发表一次"死亡公报"，其中记录了一周内死亡和受洗者（大致可反映出生人数）的名单。死亡者按其死因分类，如 1632 年的公报中包含了 63 种病因，自 1629 年起男女分开统计。多年以来，在这些公报中积累了庞大的数据，但在格朗特之前，无人对其进行过整理和分析。格朗特是第一个从事这项工作的人，其成果集中在他 1662 年出版的《关于死亡公报的自然和政治观察》一书中。书中包含 8 张表，从各个方面对公报中包含的数据进行了总结，并据此做出一系列的推论。此书对后世有很大的影响，有的统计学家甚至主张以此书出版之日作为统计学诞生之时。在该书出版的 1662 年，英国成立了皇家学会。格朗特因此书而在当年被选为会员，足见此书在当时也得到了很高的评价。

在以上的讨论中未提及一个重要之点，即按现代的理解，并不是任何类型的数据的收集和分析问题，都属于统计学的研究范围。**只有那种受到偶然性因素影响的数据，才是统计学处理的对象**。受偶然性影响的数据按其在实际问题中表现的方式，有 3 个大的类别，下面我们来分别举例说明。

设问题是要比较两个省的农民的收入情况，而因条件所限，不能采用普查的方法，只能从这两个省的农民中各抽取若干人做调查，以这些人的数据作为比较的依据。这些人如何抽取，要遵从不偏不倚的原则，以保证省内每一个农民有同等的机会被抽到。最终谁能被抽入样本，纯属偶然。因此，从抽出的人那里测得的数据（如上年纯收入）也就有偶然性了。凡对一个大群体的状况进行研究而不能对其个体进行普查时，就只能从该群体中抽取若干个体作为代表，因而所得数据就有偶然性。在上例中，如因偶然的作用使某省抽取的农民中，富裕者（或贫穷者）偏多，则比较的结果将会有偏差，偏差的大小及其出现的机会（概率）有多大，就是在分析数据时所要解决的问题。正是这一点标志着统计学的特色：如果设想你做了普查，而对每一农民收入的调查又准确无误，则为了比较这两省农民平均说来谁富一些，只要把所得数据相加，再做个除法求出平均值就行，且不存在结论出现偏差的可能，这样的工作与我们这里讲的统计学无关。

再考虑一个例子。设想你有一颗价值很高的钻石，想用一架天平尽可能准确地称出它的重量有多少。如果该天平毫无误差，则只要称一次就够。但天平总会有些误差，为得到更准确的结果，决定在天平上重复称 5 次，得到数据 x_1, x_2, x_3, x_4, x_5。这是含有误差的数据，误差多大，由种种偶然性的因素（环境因素、人操作上的不小心等）所决定，其值在各次称量时都可能不同，无法确知，但会遵从一定的概率规律。分析这种数据就是统计学的任务。例如，常人大众也会使用的一个方法是，把 5 次称量的结果取平均值，即 $\bar{x} = (x_1 + x_2 + x_3 + x_4 + x_5)/5$，去估计钻石的重量。大家也相信，一般讲这比只称一次要准确，其实这正是统计学家常用的一个重要方法。不同之处在于，统计学家对平均值做了深度的分析，可对其误差做出数量上的界定。对数据的统计分析也能表明，在某种条件下，取平均值是最好的方法。比如说，可以设想另外一种做法，把测得的 5 个数据按大小排列，取其正中间的一个（即第 3 个，在统计学上称为中位数）作为估计值。这个方法看上去很合理，但究竟选哪一个更好？这样做又是为什么？在什么条件下才可以这样做？这就涉及统计分析中很深刻的理论问题。

作为数据受偶然性影响的另一重要类别的例子，我们来考虑一个农业试验问题。该试验的目的是比较一些对某种农作物的产量可能有影响的因素，例如有几个种子品种、几种可能的播种量和施肥量。在进行田间试验时，划出一些形状和大小一样的地块，每块地上做一种按试验方案选定的处置。例如，有几块地是用某一指定的品种、播种量和施肥量，另几块地用其他的配置，等等。我们会发现，即使是使用同一配置（相同的品种、施肥量和播种量）的一些地块，其亩产也各有不同且带有一定的偶然性，这是因为有大量的未予控制或不能控制的因素存在，影响了产量。前者的例子如田间管理，当一个试验由许多人去做时，各人工作的精粗不同。后者的例子，如试验田的各地块的条件（位置、地力等）有些差别，而哪一个地块使用哪一种配置是用随机方式决定的。外界环境因素（气候、虫害之类）对各地块的影响也有些差别，这都会使所得数据包含一定的偶然误差。前一方面的因素经过人的努力，可以缩小其作用（当然要付出代价，而且有一个值不值得的问题），这是与天平称物的例子的不同之处。工业试验的情况与此相似，所要解决的问题，不少是要在若干可供选择的配方和生产条件（温度、压力、反应时间等）中，确定一种最优方案。在这里，试验数据也会受到大量因素的影响而使其带有误差。这些影响因素中，有的是经过一定努力和付出一定代价可以控制的，这样可使误差缩小，有的则纯以偶然的方式起作用而不可控。

到此，我们可以对"统计学是什么"这个问题给予一个比较完整的回答。**统计学是有关收集和分析带随机性误差的数据的科学和艺术。分析着重在数量化，而随机性的数量化，是通过概率表现出来的，由此可以看出统计学与概率论的密切关系。本书的重点在统计学，却以概率论开篇，就是这个原因。大体上说，二者的关系是：概率论是统计学的理论和方法的依据，而统计学可视为概率论的一种应用。**

生产、科技等各个领域无不涉及数据分析问题，所以，有一个统计学与这些领域的界线如何划分的问题，这问题要从两个方面来谈。首先，统计学是一门数学科学，它既不包含上述领域，也不被这些领域所包含。这与数学一样。数学是研究"数"和"形"的科学，数和形都在各种应用领域出现，有其实际背景，数学把其中有共性的东西抽象出来加以研究，其结果可用于各种领域。统计学也如此，各种不同应用领域，其数据内容、形态也各有其特点，但也有其共性的东西，统计学把这些共性的东西抽象为模型，其研究结果可用于各种实际问题。一个例子是"盒中抽球"的模型，该模型的数据分析可用于像不合格品率的估计、文盲率的估计之类的问题。另一个例子是上一章介绍的正态分布，它可以用来描述形形色色的、从各种不同的实用领域中产生的数据。正因为这一点，以研究收集和分析数据为任务的统计学常被称为"数理统计学"，以突出它是一门数学学科这一性质。

另一方面，由于统计学是实用性很强的科学，其生命力和发展动力，在于它与实用学科的密切联系。割断了这种联系，统计学就会变成无源之水，无本之木，产生不出有意义的问题和方法。因此，统计学与其他学科和领域所形成的边缘和交叉性质的学科也特别多，如工业统计学、农业统计学、生物统计学、医药统计学、可靠性统计与生存分析（研究元件、系统的可靠性与生物寿命的数据分析问题），以及诸如人口统计学、数量经济学（其中用到很多统计学方法）之类的社会科学交叉科学。

从统计学家本身说，为了更有效地将统计学方法应用于某一领域，有必要对该领域有关的知识有一定的了解。例如参加一个化工方面的应用项目，该采用什么样的统计模型和统计方法，怎样去判断所用模型是否恰当，数据是否有问题，分析的结果该如何解释，这些问题的解决固然需要统计学的知识，但与该问题有关的专业化工知识，也是不可或缺的。统计学家可以与化工专家合作并向后者请教，但终究不如自己能有第一手的了解更为有利。统计学方法中包含不少的数学公式，但使用统计学方法解决实际问题，并非机械地套用公式了事。在某种程度上，用统计学方法解决问题好比医生给病人治病。好的医生要根据实际情况灵活地使用他的专业知识，并具备丰富的实践经验。从这个角度看，虽说不能讲统计学本身是一门艺术，但可以说，在一定程度上，统计学方法的有效使用是一门艺术。

如上所述，统计学研究的对象，一是如何收集数据，一是如何分析数据。关于收集数据有两种情况，一种是自一个大群体中抽取一部分个体，对他们测量所关注的指标（如人的体重、农民的年纯收入）。一种是通过做试验来产生数据（天平称物、试验田的产量等）。针对前一种情况，统计学中有一个叫作"抽样调查"的专门分支学科去研究。针对后一种情况，统计学也设有专门分支，叫"试验设计"。有关的内容将在接下来的两章进行讨论。至于分析数据，涉及的方面繁多，因为实际问题的提法，所要求的结论的形式，都是多样化的，以后我们将结合一些常用的重要情况来加以介绍。在本章的以下部分，我们对统计方法的特点做些进一步的解释，目的是更清楚地说明，统计学方法有别于其他数学方法的特征在哪里。读者在中学数学课中，学习了不少数学方法，如几何学中有证题、推理和作图的方法，代数学中有解方程的方法，等等。统计学方法作为一种数学方法，有哪些自己的特点呢？这就是以下几节要回答的问题。

2.2 从部分推整体：归纳与演绎

统计方法的一个基本特点，是它有"从部分推断整体"的性质。这是一种在对有关信息缺乏完全掌握的情况下，去进行推断的方法。由于这个原因，它不能担保所得结论一定准确无误，而是容许结论可能出错或有误差。好的统计方法的主要标志，就是它出错的机会较小，产生的误差一般较小，但不可能完全避免误差。上一节天平称钻石的例子中，我们曾提到两种可用的统计方法，一是用算术平均，一是用中位数。在一定的条件下前者优于后者，甚至可证明，前者是一切方法中的最优者，但也不能避免

82

有误差。

部分推断整体的特点，在抽样调查中看得很清楚。一个群体（人群或任何同类对象，如工厂、学校等由个体组成的集体），在统计学上称为总体（也称为母体），它由大量个体组成。我们所想要了解的，是该群体作为一个整体的某项指标或性质，而并非要去一一细究全部个体的状况如何。典型的例子是上一节所讲的一省农民的平均收入。"平均收入"是一个整体性质，用统计学的语言说，是一个总体指标。我们抽取该省一部分农民——在统计学上称为样本或子样，所抽出的农民人数称为样本量——做调查，而有关总体指标（即全省农民平均收入）的结论，即依这一部分的情况做出。所有抽样调查的研究全是这种情况。

当数据是由试验产生时，例如天平称钻石的情况，"部分推断整体"的表现不如上例明显，不易看清楚该如何理解，乍一看，钻石的重量（记为 a，a 未知）是推断的对象，似乎就是整体。但何谓部分？我又没有把这颗钻石一分为几，不可能考察其部分。这就需要有一种特殊的理解方式，起初一看觉得是人为的做作，其实是属于统计学中很自然的理解，它具有极大的普遍性，可以涵盖一切类似的情况。让我们来费一点儿口舌细加解释。

如前所说,我们对该钻石称了 5 次,得到 5 个数据。如觉得必要,我们可以利用该天平把钻石继续称下去,原则上说愿意称多少次就可以称多少次。这一想象中的称量,如真的加以实现,会产生极大量的数据,我们把这想象中的极大量数据构成的群体认作问题的整(总)体,而实际已做的 5 次称量所得的数据,则是此整体的一部分,这样就把问题归到与上例一样的模式中。但还有一个问题要解决:我们的命题是由部分去推断整体的某项特征,它与估计钻石的重量如何联系起来? 这要用到上一章讲过的大数定律,这极多次的称量结果的平均值,会等于(或极其接近于)钻石的精确重量 a。故我们要推断的对象 a,确是我们所想象中的这个整体的一项特征,因而仍符合"部分推断整体"的提法。①掌握了这个例子的精神,其他由试验产生数据的情况,都容易按此进行解释。其要点是:想象把已做的试验继续重复做下去,从而产生一个包含极大量数据的总体,已有的试验数据是这总体的一部分,而我们关心的(需要对之进行推断的)对象,则可以解释为是这个想象中的总体的一个特征。

① 为便于读者的理解,此处采用了一种较为形象的解释方法,因而不甚符合严格的统计学理论规范。更确切的解释是:一切可以想象的称量值的全体有一定的概率分布,而钻石的真正重量则是该概率分布的期望值。

把上述两例比较，可看出其明显不同的特点。在抽样调查的场合，个体是"看得见，摸得着"的实在（如一个农民），且总体所含个体数是有限的。在试验的场合，个体并不是预先就以实体的形式存在，而是"试验一次，产生一个"，且总体在想象中包含无穷多的个体。这样的差别，导致两种情况的统计分析方法有所不同。乍一看会觉得，前一种情况较易处理，其实不尽然。在数学中存在大量的情况，其中处理无限比处理有限反而更方便，以至作为一种近似，常把有限当作无限处理。事实上，当一个群体足够大时，将其作为无限群体去处理，在统计分析上可以使用一些针对无限总体的、更精细的方法，因而更为方便和有效。

统计方法的"部分推断整体"的性质，引出一个重要之点：**统计方法是一种归纳性质的方法，统计推断是一种归纳推理。**我们知道，推理的方法可以分成两大类：演绎法和归纳法。演绎法是用逻辑推理的方式，从一些被承认为公理的前提（如部分大于整体，若 $a=b$，$b=c$，则 $a=c$ 之类，以及适用于某一特定领域的被承认的前提，如牛顿三大定律，可视为牛顿力学的公理）出发，推证出一些结论，其正确性依赖于所据公理的正确性。这些已被证明的结论，又可以作为证明其他结论的依据。一个大家都熟悉的例子是欧几里得平面几何，它从一些公理出发，推演出很多结论，如"三角形的 3 条中线交于一点""三角形 3 个角的度数之和为 180°"之类。

这种类型的演绎推理是纯思辨性的，不涉及物质世界，只要坚持公理体系的前提（认定公理体系的正确性），且在推理中未犯逻辑错误，没有引用错误的或未加证明的断言，则可以保证推理所得结论（在该体系下）的正确性。应当注意的是，在一定限度内，所谓公理也是出于人造，并无"天然正确"的品格。例如大家在中学学习的平面几何公理体系中，有所谓"平行公设"（欧几里得第五公设），即过直线外一点有一条且只有一条直线，与该直线平行。"三角形 3 个角度数之和为 180°"这一结论，就是在平行公设（及欧氏几何的其他公理）的前提下证明的。在高等数学中，有一种几何学叫作罗巴切夫斯基几何，该几何学中有一条公理是：过直线外一点可以作两条不同的直线，都与该直线平行。在这种几何学中，三角形 3 个角的度数之和已不再是 180°，因为前提变了，结论也跟着改变，这些都合乎逻辑，没有矛盾。

在现实世界中，这种演绎式的推理也很常见。有一些著名的例子，例如 1919 年观测到太阳光线经过水星引力场时要发生弯曲，这本是根据爱因斯坦相对论所推演出的结论。与上述数学演绎推理不同的是，在物质科学中，演绎结论不能视为当然成立，还须经过试验验证，而经过试验验证，反过来支持了所据理论的正确性。小至日常生活，我们也常做演绎推理。例如判断一个我们并无直接接触的人的素质如何，可以根据他的家庭背景、所受教育、工作经历和社会关系等因素。这在广义的意义上说也是一种演绎推理，不过具有更粗疏的性质，也没有无懈可击的逻辑性。其正确性如何，仍需要通过亲自与该人接触才能确信，这也是一种试验验证。许多创造发明的起点中，都包含有这种松散的演绎性推理。例如设计治某一疾病的药物，可以是根据病理学的分析及某种物质的化学性质和生理作用，推测该药物应有疗效，但究竟如何，不能据此定论，还须经过严格设计的临床试验。

与演绎推理相反，归纳推理是由总结若干个别事例而做出的一般性结论。例如，你与某人打过若干次交道，发现他在与你共事时按正道行事，于是你做出他"为人正直"的结论。

这是你归纳若干事例（可解释为观察或试验结果）而引申的结论。它在逻辑上并非无懈可击（且实际上也未必尽然），因为你是"由部分推断整体"——你并不了解他的全部情况。实用科学中的许多结论,都是根据一定的观察试验结果得出,都属于归纳性的结论。在许多情况下,观察或试验结果受到偶然性因素的影响而带来一些不定因素。统计方法的作用,正是在这种情况下,帮助人们做出尽可能正确(在数据所提供的信息的限度内)的归纳。因此,统计性的推理是一种归纳推理。

从现实世界的角度看,作为推理方法,归纳高于演绎。不仅在许多情况下思辨或理论推理不可行而只能诉诸试验,即使在演绎推理可用的场合,其结论仍须经过试验即归纳的验证。这也就是我们常说的"实践是检验真理的唯一标准"。由此也可以看出统计方法对于认识和改造世界的重大意义。

2.3 统计规律与因果关系

吸烟会增加患肺癌、其他癌症以及诸如心脏病等严重疾病的风险。医生提出告诫,劝人戒烟,各种媒体和出版物中不时可以见到有关的报道。这并不是空穴来风,它得到了统计数据的支持。早在1948—1949年,英国有两位学者多尔和希尔就研究过此问题。自那时起至 1956 年，他们发表了一系列的报告。他们从伦敦 20 家医院中搜集了 709 名肺癌病人，以及对照组——另外 709 名未患肺癌者的吸烟情况的资料，按吸烟斗还是纸烟、男还是女、是否将烟吞进肺里等指标分类。

经过统计分析，他们发现吸烟与患肺癌呈明显的正相关（即吸烟会增加患肺癌的风险），而纸烟的危害性又大于烟斗。自那时以来，类似的统计资料发表了不少，几乎全部证实了二者有正相关的说法。这个正相关的结论是一个统计性的结论，或把它称为一个统计规律也可以。统计规律有什么特点，怎样去理解它的意义？下面我们要通过本例和其他一些实例来回答这些问题。

首先，统计规律是关于群体的规律。对群体中的个体，情况复杂多样，不是一定就是这样的。拿本例来说，有重度吸烟却终生保持健康者，也有不吸烟而很早罹患肺癌者，不能用这类个别的例子来否定二者有正相关的结论，因为它讲的是群体中的一种趋势。又如，统计资料的分析表明，人的收入与其受教育年限呈正相关。但高学历低收入和低学历高收入的情况，所在多有，这并不否定上述规律的正确性，也是因为它讲的是一种总的倾向性。前些年常提到"体脑倒挂"的说法，并非指存在个别（甚至不少）学历与收入错位的例子，而是指在整个人群（全国，或某地区、部门）中，收入与学历呈负相关，大的趋势有了倒转。

有的读者可能会有疑问："群体是抽象的，每件事都必须落实到其中的个体，患不患肺癌是每个人的事，这样一种关乎群体中的趋势的规律有何意义？"对此我们是这样理解的。第一，这种规律反映了某种客观存在的现实，有科学意义和认识意义。如在本例中，此规律指出（这正是"正相关"的含义），在抽烟的人群中，患肺癌人数的百分比，要高于不抽烟的人群中的同一百分比，且这百分比还随着抽烟量的增加而上升。这个认识就很有实际意义，它是许多国家和团体发起"戒烟运动"的理由所在。第二，对个人而言，有警诫的作用。我们说这个结论是一个关于群体的规律，并不是说它就与个人无关。天生万物各不齐，个体之间有差异（遗传、环境等）不好比，但就同一个人说，吸烟增加患肺癌的风险这一警告并非不适用。又如，一个人多学一些东西，提高自己的能力，对增加自己的收入总会有好处。这与在社会上确实存在学历高而收入低的情况，并无矛盾之处。

　　"统计规律"这个提法的启示是，教人看问题不可绝对化，因而有思想方法上的教育意义。习惯于从统计规律看问题的人，在思想上不拘执一端。他既认识到一种事物从总的方面看有其一定的规律在，也承认存在例外的个案。二者看似矛盾，却是并行不悖的，它反映了我们生活在其中的世界的多样性和复杂性。甚至可以说，如果不是如此，我们处处被一些铁板钉钉的规律所支配，则生活将变得何等单调无味。说起来这不过是一个初浅的常识，但事实表明，并非每一个人都能习惯于这种思想方式，使其成为一种本能。常听见有这种争论：当甲提出某种说法时，乙就指出一个反例，证明其所说不实。统计学家对此的看法是：甲的说法可以是一个统计性的规律，它需要大量的统计资料的证明或证伪，乙指出的个别反例不一定能构成否定甲的说法的充分理由。

从反面讲，也可以说统计规律这种东西的出现，反映了人类认识上的局限性，反映了人类对偶然性的作用无力完全掌握，也反映了人类在这种局限性的约束下认识自然的一种努力，即在偶然性造成的纷乱无序的状态下，尽量从中找出一些虽不完善，但具有规律性的品格的东西。拿本例来说，人人都希望能有这样一个公式，当你按照这个公式生活时，可保证你不患肺癌。这种公式现在没有，将来什么时候会有也难说，如果你要求把事情搞到这样确切的程度，则只好什么也不做。究其原因，还是由于个体差异即偶然性的作用。"不吸烟能减小患肺癌的风险"这类统计规律的获得，是一项有用的成果，虽然它有其局限性。

其次，统计方法只是从事物的外在数量表现上去研究问题，通过对数据的分析，揭示可能有某种规律性的东西存在，而不涉及事物的质的规定性。换句话说，统计分析的结果可以告诉你，从观察和试验资料来看事情是怎样的，而不能告诉你为什么会这样。拿吸烟与患肺癌的关系来说，统计分析不能告诉你为什么吸烟是患肺癌的危险因子，那是要由医学家去研究的问题。又如，通过抽样检验对所得数据进行统计分析，表明生产同一产品（如电视机）的甲、乙两厂中，甲厂产品质量优于乙厂。这纯粹是从所掌握的数据上得出的结论，它不能告诉你为何甲厂产品质量会好一些，这可能是由于它的设备新、管理好、工人素质高等，具体如何，要做进一步研究才能确定。要指出的是，说甲厂产品质量优于乙厂，这也是一个统计性的规律，它可以通过统计学的概念和术语，以某种形式表述出来。但当从两厂各拿出一件具体产品来比较时，并不能保证甲厂那一件一定好一些。

"知其然而不知其所以然"一般是一种含有贬义的说法，用统计分析方法得出的结果，就属于这种情况，其意义何在，有必要加以说明。下面从两个方面来讨论这个问题。

从应用上说，一旦我们从数量的表层发现了某种有实用价值的规律性，就可立即将其付诸应用，至于其机理问题，可留待学者们从长研究。有许多具实效的药物、偏方和治疗方法，经过一定范围内的使用验证确有成效而得到推广，其机理有的并无满意的解释。在工业中，通过配方、工艺上的改进而得以改善产品质量的例子很多，这些在起初都是经过多次试验而总结出的结果，经过生产实践证明其有成效而得到推广使用，即使其理论根据一时未能完全探明，也无妨其实用——当然，这不是说不必去做出努力以弄清其"所以然"。因为，明白了有关的机理，可以指示进一步努力的方向。

至于在以认识自然为目的的基础研究中，目标本来就在于探求事情的"所以然"，当然不能停留在事物表层上。但即使在这类活动中，统计方法仍有其不可缺少的作用。事物本质的秘密往往隐藏在深处，不是轻易能够被揭示的，但它可能以一种曲折间接的方式，在某些数量之间的关系上，露出冰山的一角。许多重大的发现，都是先通过观察或试验积累数据，对之进行统计分析，其结论指示了向哪个方向去探索。

通过表面上的数量关系的分析，而推动科学上重大发现的一个著名的例子，是孟德尔遗传定律的发现。而对现代生命科学有决定性影响的基因学说的提出，就是建立在这个发现的基础上。孟德尔是奥地利生物学家，他的上述成果发表在 1865 年的一篇论文中。他用豌豆做试验，这种豆有黄、绿两种颜色，孟德尔分别培养了一个黄色的纯系和一个绿色的纯系，其每一代所结的豌豆全部保持同一种颜色。孟德尔将这两个纯系进行杂交，发现这种杂交品种豆子全是黄色，看上去与黄色纯系并无不同，但在将这种杂交品种再进行一次杂交时，孟德尔发现这第二代杂交豆子的颜色黄、绿都有，其比例接近 3：1。孟德尔将这个试验重复了很多次，每次都得到类似的结果。

如果他将这项工作就进行到此处为止，则这个 3：1 的统计性规律也可算是一项科学的发现，但意义毕竟就比较有限了，因为它只涉及这么一件具体事情。但这个表面上的统计规律性启发了孟德尔去着手提出一种假说来解释这个现象。具体说，他假定有一种后来被称为"基因"的实体控制着豆子的颜色，这实体有两个状态

94

（被称为等位基因）：y（黄）和 g（绿），共组成 yy、yg、gy、gg 4 种配合，称为基因型。前 3 种配合，即其中至少有一个 y 的，使豆子呈黄色，唯有第 4 种配合使豆子呈绿色（在遗传学上，称 y 是显性的而 g 是隐性的，意思是只要有 y 在，g 的作用就退隐了）。根据这个假说，孟德尔的试验结果就得到了圆满的解释。黄、绿纯系的基因型分别是 yy 和 gg，杂交第一代只有 yg 一种可能的基因型，故全呈黄色。但第 2 代杂交是 yg 配 yg，每方出一个基因，共有 4 种同等的可能性，即 yy，yg，gy，gg，前 3 种呈黄色而只有后一种呈绿色。这解释了第 2 代杂交豆子中黄、绿两种颜色之比近似为 3：1。表 2.1 是孟德尔试验中的一些具体数据。

表 2.1　孟德尔的试验数据

植株	1	2	3	4	5	6	7	8	9	10	总计
黄	25	32	14	70	24	20	32	44	50	44	355
绿	11	7	5	27	13	6	13	9	14	18	123

就每一株来说，绿色豆子占该株豆子总数的比例接近 1/4，但有些差距，有的株差距还不太小，全部 10 株绿色豆子所占比例为 $123/(355+123) \approx 25.7\%$，就相当接近 1/4。为什么这个比例只是接近而不是严格等于 1/4？这就要归结于偶然性的作用。每个植株豆

子都不多，偶然性的作用就比较明显，10 株合起来，豆子总数加大，偶然作用彼此抵消了，1/4 的比例就更突出。如果植株更多，这比例与 1/4 的差距就会更小。

　　"基因"这个名称是英国学者贝特森在 1909 年提出的，自此，基因学说主导了 20 世纪生物学尤其是遗传学的发展，其意义无可估量。到 1950 年，基因的存在在分子的水平上得到证实，可以说是给从孟德尔开始的这一项重要研究工作画上了一个圆满的句号。可以看出，统计方法在其中起了先导的作用。奥地利著名的现代物理学家薛定谔有一段话，很中肯地表达了统计方法在科学研究中所起的作用（转引自陈善林等著《统计发展史》，第 245 页）："在最近 60 年或 80 年中，统计方法和概率计算进入了一支又一支的科学……开始时（使用）这个新式武器总是伴随着一个借口，它是为了救治我们的缺点，我们对细节的无知，或无力应付大量资料……但是似乎无意中，我们的态度就改变了，我们意识到，个别的情况完全没有兴趣，不管关于它的详细知识是否能够得到，不管它提出的数学问题能否应付。我们明白，即使它可以做到，我们也会因跟踪成千的个别情况（而导致的纷乱状态）①，最

---

① 括号内的文字为作者所加。

后也不能得出一个比统计数量更好的结果，我们实际感兴趣的乃是统计机制的运用。"薛定谔的这段话所指的就是，在涉及大量个体的群体的研究中，统计性规律的意义和作用。群体中的个体数太多，即使你有能力对其一个个加以跟踪研究，也会因为个体的差异性而呈现的纷乱状态，得不出什么有用的结论。相反，一个或一些反映统计规律性的统计数量对我们更有用。例如，调查了成千上万的人的身高体重状况，都登记在一本册子上，杂乱无章，看不出什么问题。而一个反映统计规律的粗糙公式——体重＝身高－105，则对我们有用得多，虽然这公式远非确切。薛定谔所说"我们实际感兴趣的乃是统计机制的运用"，指的正是"通过个别情况的研究从中总结出统计规律性"的方法。而薛定谔指出，这种规律性有助于我们探求事物的实质。

薛定谔说这个话是在 1944 年。当时，电子计算机尚未发明，人们处理大量数据的能力还很有限。从今天的情况看，他的论点就显得更为贴切。在有计算机之前，有不少统计方法，因为涉及的计算量太大，人力难于完成，因而实际上无法应用。现在，像处理大气污染这类问题，牵涉几十个因素和极大量的数据，在以往是不能想象的，如今用计算机可在很短的时间完成。1858 年，英国为绘制本国地图，做了一次大型的大地测量，收集了极大量的数据，用最小二乘法处理这些数据，涉及解 920 个未知数的线性方程，整个工作分两组人员独立进行，花了两年半的时间才完成。如今在电子计算机上，这类的计算已算是比较轻而易举的事情。这种情况的出现，使基于数据的统计分析方法在探究自然的奥秘中，起着比以往更大的作用。

以上的论述着重在替统计分析方法"评功摆好"，那么，有没有负面的因素呢？我们说有，不过要赶紧申明的是，这种负面因素并非出自方法本身，而是在于方法的不当使用甚至滥用。多年前有一位知名的美国统计学家来中国访问，他曾半开玩笑地说："什么是统计学家？有人说，统计学家是一群骗子，他们可以用数据证明任何想要证明的事情。"这是指对统计方法的滥用，甚至是为了自私的目的而损害公共利益，其中包括伪造数据，所谓"官出数字，数字出官"，指的就是这件事。即使不伪造数据，只要通过有偏向地采取数据，也可以引导出所想要的结论。例如在宣传某种药物或保健品的功效时，只提正面的例子，对无效甚至有反面效果的例子略而不提。更多的情况是使用不当。这首先是数据的采集。数据的采集方式必须严格符合随机性等一系列的要求，才能用作统计分析的原料，不然就会产生误导。关于这一点，本书后面的章节会有一些实例来说明。其次是效应或差距的显著性问题。这指的是如下的情况：有的试验的目的是为了证实某项措施有效（例如，一种治病的新方法，其疗效比现有的方法高），但试验规模很小，或试验误差太大，因而偶然性影响增大，从数据上显示的差距，其实不过是出于偶然性的作用而非实质的。这一点用严格的统计检验方法本是可以鉴别的，但因未做这种严格的统计检定，就按其表面差距以成果的形式报道出来，而产生误导。

我们不时地从媒体及出版物中，看到对同一件事的两种不同的说法，都有其统计资料的根据：盐吃多了易导致高血压，但也有说二者并无关联的；糖是健康的杀手，但也有要"为糖平反"的。类似这种例子很多，尤其是涉及与人体有关的。那么，为何这些截然不同的说法，都有其统计资料的支持呢？一方面，这需要仔细审查其数据的获得方式，以及数据的规模。因为，在有些问题，特别是与人体有关的问题中，个体的差异太大，局部的数据，即使其来源正当，统计分析方法也合乎规范，但依靠规模不大的数据分析所得的结论外推至于普遍，常会发生问题。例如，根据法国人喝葡萄酒多而心脏病患者少，就推出喝葡萄酒有助于降低心脏病发病率的结论。可是首先，法国人心脏病发病率低是否与多喝葡萄酒有关，是一件未经严格统计分析证实的事情，还有待做进一步的研究。其次，即使这一说法对法国人成立，它是否必然也适用于其他人，尤其是在地域上、体质上和生活习惯上与法国人都有较大差异的东方人，这也需要统计资料的证实。

总之，统计方法是一个很有用的方法，但其单从表面数量关系着眼的特点，使其有易于被滥用、误用和夸大的危险。**统计学的任务就是教人怎样去正确使用这种方法，恰当而有分寸地解释其结论，对种种统计分析的结果做出正确的评估（这需要对其数据来源及使用的方法有了解）而避免误导公众或为人所误导。**

统计规律常以"某些事物之间有关联"的形式出现。吸烟与患肺癌的关联、学历与收入的关联等都是例子。要注意的是，这种关联性不一定意味着因果性。当甲、乙两个事物有关联时，可能甲为因乙为果，或乙为因甲为果，也可能什么都不是，而是甲、乙二者都受到某一尚不了解的因素的影响而产生关联。

《南方周末》1998 年 8 月 14 日刊载了一则报道，说华盛顿大学医学院的专家在对 1000 人的检查中发现，其中耳垂有皱褶的有 373 人，在这 373 人中，查出患冠心病者有 275 人，比率约为 73.7%，远高出一般人中冠心病患者的百分比，显示二者之间可能存在关联（这一点尚待更多的资料证实）。但二者之间是否有何因果关系则难言。不能想象耳垂皱褶之"因"导致了冠心病之"果"，冠心病导致耳垂皱褶的根据也非明显。是否有何隐蔽的因素同时导致这二者？这是一个可以设想的解释，究竟如何，有待进一步的研究。

《科学时报》1999 年 3 月 10 日的报道称："大城市里拥挤、嘈杂、紧张而充满压力的生活方式，是导致人们心脏病发作的主要原因。"又说："美国科学家的研究表明，纽约是最容易引发心脏病的大都市。"

报道没有揭示美国科学家做出该项结论所依据的数据。说到因果关系，从常识看，也觉得有充分的理由相信前者是因而后者是果，不过也还有进一步考虑的余地。笔者曾去过上海、香港、东京、纽约等大城市，发现从拥挤、嘈杂、紧张等方面看，上海、香港、东京未见得比纽约好，但这些地方心脏病发病率也不高于他处。

　　最有名的例子，恐怕要算前面讨论过的吸烟与患肺癌的关联问题。根据多尔和希尔的报告，《英国医学杂志》于 1957 年 6 月 29 日发表社论，肯定了吸烟对健康的损害作用，并认为有必要在公众中广为宣传此事。这招致了当时在英国也是全世界最著名的统计学家和遗传学家费歇尔的质疑。费歇尔是 20 世纪现代统计学的主要奠基人，现今仍在使用中的一大批重要的统计方法就是出自他的首创。他因在科学研究上的卓越贡献，于 1929 年被授予爵士称号，他的质疑当然非同小可。在 1957—1958 年这两年期间，他为此与一些人卷入了一场论战，论战以在《英国医学杂志》上发表信件的形式进行。

　　费歇尔从多尔—希尔数据的分析中，发现了一件有些出人意料的事：在吸烟者中，把烟吸进肺里者，其患肺癌的风险显著地低于那些不把烟吸入肺里者，显著度高达 1%。后一语的意思是，"把烟吸入肺里者患肺癌的风险低"这一结论犯错误的机会低于 1%。如果烟真的对肺有伤害，那么，将烟吸入的危险性理应更大，这是一个与"二者（吸烟与患肺癌）有因果关系"的论断相矛盾之点。

　　这还不是费歇尔主要的质疑之处。他对吸烟与患肺癌的关联提出了一种可能的解释，认为二者可能受到同一基因的控制，即某些人有一种基因，它同时注定了这些人：1. 爱抽烟；2. 易得肺癌。如果这一解释成立，则吸烟与否并不增加或减小患肺癌的风险，人们也不必为此而戒烟。可见这并非一个纯学究式的问题，而是有其巨大的现实意义。

费歇尔的主张属于下面的模式，当然这也是一切科学工作者所应遵守的模式：如果你发现一种现象，它可能有甲、乙、丙、丁等解释。无论用甲去解释这个现象的理由有多充分，如你不能排除乙、丙、丁等的可能性，则这一解释还不能最后确立。关于上述问题，费歇尔做了一些努力。他找了一些同卵双生者和异卵双生者，调查了他们的吸烟习惯，发现前者极相似而后者的相似度差得多，这似乎支持了"吸烟习惯系受基因控制"的论点。但由于取样上的困难（同卵及异卵双生的样本难得，其中患肺癌者更稀少，不足以进行有效的统计分析），费歇尔也未能找到支持上述论点的充分证据。可以说，此问题在科学上讲至今仍属悬而未决，不过大多数人（包括医学家）倾向于相信，吸烟确是导致肺癌的一个危险因子。

应当指出的是，统计规律未必蕴含因果关系，这一点，是统计

方法的本性而非其缺陷。寻找因果关系是各类专门学科的任务。统计学作为一门数学学科，统计方法作为一种研究问题的工具，不可能把寻求万事万物的因果关系这样复杂的任务担当起来。但它通过数量上的分析揭示表面关联的存在，起着为专门研究指示努力的方向的作用。

第 3 章　抽样调查

3.1 简短的历史

哪怕是一个不太大的国家，人口也是一个庞大的数字。要对其居民的年龄、性别、财产、受教育程度、职业等一一进行调查，其工作量是极其巨大的，但为治国的需要，这种工作又不能不做，我国十年一度的人口普查便是这种例子。对群体中的个体逐一做调查，称为普查。除了人口以外，其他需要调查了解的对象还有很多，如工业企业的调查、农村小学情况的调查、妇女情况的调查等。

由于普查在人力、物力、时间上花费太大，人们希望通过调查群体中的一部分个体来了解整个群体，这就是抽样调查。抽出来的那部分个体称为样本，这是指全部被抽个体的集体，也常常把样本中的每一个体称为样本。样本中所含的个体数叫作样本量。通常，我们关心的不是这些个体本身，而是其某一或某些指标。因此，也常把样本中个体的指标值称为样本。例如，从某市的工人中抽取1000名调查其工资状况，所得的1000个数据构成样本。

抽样调查的活动现已很普遍。记者拿着话筒在街头采访随意碰到的民众，就是一种抽样调查。电视台调查收视率，厂家对其推出的产品了解市场反应，也通过抽样调查进行。一些国家在大选年要多次进行民意测验，以估计各候选人的支持率如何。大的国家选民以千万甚至以亿计，而被调查者一般只有成百上千人。为了解仓库存货的质量状况、河流湖泊的水质和大气污染状况等，都要做抽样调查的工作，可见这一方法应用之广。

历史上较早的一个抽样调查的例子，是法国大数学家拉普拉斯于 1802 年受政府的委托所进行的法国人口数的估计工作。拉普拉斯的想法如下：把人口总数与一年内出生人口数之比记为 a，假定已知道了 a，则因为一年内出生的人口数较易调查落实，把此数乘以 a，即得全国的人口总数，问题在于确定 a 的值。拉普拉斯假定国内各地区出生率相去不太远。他在国内选择若干有代表性的小地区——有沿海的、平原的、山区的，等等，每个地区都足够小，使该地区内总人口数与一年内出生人口数不难调查出。这样，对每一个受调查的小地区，可以计算出一个 a 值——该地区总人数与一年内出生人数之比，由若干个小地区得到若干个 a 值，以其平均作为全国 a 值的估计。

拉普拉斯的方法也曾由其他的统计学家用于比利时等低地国家，经与由普查所得结果比较，发现其精度不够理想。现在知道，较大的误差是由于工作中的问题而非抽样方法的问题，但这一事实影响了人们对抽样调查可信性的看法。因此，直到19世纪末，抽样调查的方法在实际中的使用面不广。另一个例子是，在1861年，英国的法尔博士曾做过人口抽样调查。他在英国选取了14个地区，包含人口26万多，调查的指标是家庭数及每个家庭的人口数等。抽样调查在应用上受冷落的情况，到19世纪末才出现转机，打先锋的人物是挪威统计学家凯尔。

凯尔生于1838年。当挪威统计局成为一个负责收集和解释有关社会和人口的统计资料的独立机构时，他成为该局的局长。在这个职位上，他领导了全国人口和农业的普查工作，时间是19世纪最后20年，在这段时期中，他发展了他的"代表性抽样"的思想。

所谓"代表性抽样"，是指从群体——在统计学上常称为总体——中抽出的一组样本，它在所关注的指标上可以代表该群体，换句话说，是一个小型化了的群体。比方说，某一社区的居民按经济状况可分为三类：较富裕的100人；一般情况的1000人；较差的

300 人。现在，分别从这三类人中抽取 2 人、20 人和 6 人，则由这 28 人组成的样本是一个代表性样本。通过对他们的调查资料所做的分析，可以对该社区居民的经济状况做出一些判断，准确程度如何，要看样本的代表性而定。例如对三类人的比例的认定与实际情况接近的程度如何，在每一类人中所选的样本，其在该类中的代表性如何，等等。

这个思想易于理解，问题是如何取得样本。凯尔的做法是，把人群按地理、社会和经济等条件分成一些"层"，按各层所占比例，在各层中尽可能周到地处理取样的问题。例如在 1894 年，他在挪威进行了一项关于退休金和疾病保险金的调查。当时挪威城乡人口之比约为 1∶3，因此凯尔决定在城市中抽 2 万人，从乡村中抽 6 万人。城市中拟抽取的 2 万人，按下面的方式分配。首先，挑出 13 个有代表性的城镇，其中包括当时人口在 2 万以上的全部 5 个城镇，这 13 个城镇约占当时挪威城镇总数的 1/5。然后，在每个被挑出的城镇中，把其人口按经济状况分层。由于没有城镇中全部居民经济状况的资料，这个工作只能用一种间接的方式去做。如在其中一城镇中有 400 条街道，其中居民数在 100 人以下的有 100 条，在 101~500 人的有 187 条，等等。人口数少的街道一般为富人所居住，因此这可以作为一个分层的标准。凯尔的做法如下。居民数少于 100 人的那 100 条街道全取出来，每条街上抽取其 1/20 的人，居民在 101~500 人的那 187 条街道只抽取 1/10，但在抽出的每条街中，其住户要有一半被抽出，等等。这样使各阶层的人口大致都有 5% 的比例进入样本。在乡村，凯尔主要按居民所从事的职业来分层，因为一般讲由人的职业大体上可以判定其收入的层次。凯尔的这个实例表明，虽然代表性抽样的思想很简单，但在实际问题中做起来不容易，这是所有的抽样调查工作都要碰到的一个共同问题。

在那期间，凯尔还进行了若干与此类似的抽样调查工作，基于在这些工作中取得的经验，他于 1895 年召开的国际统计学会大会上，正式提出了代表性抽样的主张，在会上引起了争议。但到 1903 年国际统计学会再度开会时，他的主张已得到了更多的支持。国际统计学会为研究这个问题而成立的委员会，也在一定的保留下接受了他的主张。

凯尔主张的要点，如上所述，是用代表性抽样取代全面普查。除此之外，他还认为，为得到群体平均值的满意的估计，所需的样本量无须太大。这个看法，由于缺少必要的理论支持，在当时看来是可疑的。当时统计界的普遍看法是，样本量应与群体大小成比例，即群体中所含个体愈多，则样本中应包含更多的个体。这个想法从外表上看很合理而自然。直到现在，不懂统计学原理的人恐怕也还是持这个看法。然而理论表明，凯尔的看法是正确的。但在当时，不少人认为，如果需要在抽取大量样本的同时小心保证其代表性，其工作量恐未见得比普查节省多少。由于凯尔的主张主要是根据经验而缺乏理论上的论证，使他的主张不易深入人心，所以虽有了国际统计学会 1903 年的决定，代表性抽样方法在当时还未能在实践中站稳脚跟。

代表性抽样是由部分去推断整体，这必然会产生误差，要使人相信这种方法可用，必须对误差做出适当的估计。凯尔的代表性抽样中有些操作是主观的（这由前面所描述的他在 1894 年所做的调查工作的细节可以看出），无法用一种客观的数学模型去描述，因而误差的估计也就无从着手。解决这个重要问题的功绩，主要应归于英国学者鲍莱，他的工作是抽样调查方法发展史上的一块里程碑，因为他提出了"随机抽样"的方法。在 1906 年英国科学促进协会的经济和统计学组的会议上，鲍莱在发表的"主席致辞"中提出了他的方法。

112

随机抽样的方法，在实践中可以用从简单到复杂的种种形态表现出来，但方法的精神归结到一个基点：要求群体中的每一个个体有同等机会（概率）被抽出。这样，哪一个个体进入样本，纯由机会确定，不受人的主观上可能有的偏向所影响。同时，这一机制使我们可以建立一定的概率模型来刻画抽样，并把误差的计算纳入概率理论的轨道。由于这一点，鲍莱就有了可能利用在当时已有相当发展的概率工具（如我们在第 1 章中提及的中心极限定理和方差计算等），去探讨方法的严格理论根据。其要点是，由随机抽样所做出的估计，其精度只取决于样本量而与群体大小基本无关。这句话在后面还会有更明确的解释。这个结论保证了，即使群体中所含个体极多（这在人口调查中很常见），我们也不必抽出很多的个体，因而与全面普查相比有很大的节省。

史称鲍莱以其"新的有力的研究工具"，宣告"全面普查并非必要"，而且"一个规模很小的样本已足够实现调查的目的"。这也是此前凯尔大力鼓吹的主张，但凯尔主要基于自己的经验和勇气，而鲍莱则是基于可信的理论，故其效果优于凯尔。在那以后的 20 年中，鲍莱在身边集合了一批人，对英国许多城镇的社会和经济条件进行了随机抽样调查，特别是对"伦敦生活和劳工条件的新调查"这个项目做出了重大的贡献，他撰写的专著《抽样调查精度的度量》出版于 1926 年。

国际统计学会在 1924 年指定了一个包括鲍莱在内的 6 位学者组成的委员会，以研究"统计学中代表性方法的应用"[①]。该委员会的报告于 1926 年在罗马举行的国际统计学会大会上提交，大会对抽样方法做了明确的肯定，同时指出，代表性抽样方法有"随机抽样"和"目的性抽样"两种。后者的意思类似凯尔的代表性抽样，但强调在保证样本代表性的前提下，根据抽样调查的目的去选择样本。大会决议重申了以前的主张：每一项抽样调查研究，都应附有对所用抽样方法的仔细陈述——没有这样的陈述，研究的结论的可靠性和精度就无从评估。

在这次大会上，抽样调查方法的科学性没有再引起争议，说明经过几十年的努力，它已被专家和公众所接受，当然它并没有完全取代全面普查法。应当指出，并不是说在一切情况下都应当用抽样调查取代全面调查，这要根据实际情况决定，二者也可以互相印证。例如，我国在两次人口普查中间做一次 1% 的人口抽查，美国

[①] 此处"代表性方法"是与"全面普查方法"相对而言的，不限于原来凯尔的那种代表性抽样，也包括随机抽样在内。"代表"这个字眼在此可以理解为"样本"。

在两次人口普查中间，还通过经常性的抽样调查逐月提供有关人口、劳动就业和失业情况的基础数据。除鲍莱外，对随机抽样思想的确立做出过重要贡献的，还有英国的费歇尔爵士。前面在讨论吸烟与患肺癌的关联问题时曾提到他。费歇尔自 1919 年起，在英国一个农业试验站工作了十余年，其间他进行了大量的田间试验。例如，比较两个种子品种 A、B，共有 16 小块（大小、形状一样的）试验地。费歇尔提出用随机的方法把 16 块中的 8 块分给品种 A，另外 8 块分给 B，这种方法可用于其他试验，如工业试验中不同条件的随机分配。

现在，抽样方法已在世界多数国家和地区得到普遍应用。联合国于 1947 年在其"统计司"中建立了一个统计委员会抽样分会，发布过一些指导性文件，对抽样调查方法在全球的推广应用起了很大的作用。

关于我国的情况，20 世纪 60 年代以前只有一些零星的应用，总体上讲开展得很不够。当时，一定程度上直到现在，统计学界在对随机抽样的看法上还存在较大分歧，这个及其他原因阻碍了抽样方法在我国的应用。近十余年 [1] 来情况有了较大的改善。1994 年国

---

[1] 本书原作于 2000 年。——编者注

务院批转同意实施的我国调查方法改革的目标模式是："建立以必要的周期性普查为基础，以经常性的抽样调查为主体，同时辅之以重点调查、科学推算等多种方法综合运用的统计调查体系。"在这里，抽样调查的重要地位得到了确认。这期间也进行了一些全国性的、较大规模的抽样调查，有的在媒体中广加报道。例如，5岁以下儿童死亡情况的抽样调查，全国粮食受农药污染情况的抽样调查，妇女社会地位的抽样调查，人口变动情况的抽样调查，人体尺寸测量抽样调查，等等。

3.2　抽样的方法

上一节讲述了抽样方法简单的发展情况，归结起来，无非是两个要点：1. 在某些（不是一切）情况下，用抽取群体中的一部分个体进行调查的方法来取代全面调查；2. 个体（即样本）的抽取应遵守机会均等的原则，即群体中每一个体有同等机会被抽出。**这种将样本的选定委之于机会的抽样，叫作随机抽样。**这里我们来讲讲随机抽样如何实施的问题。可以说，随机抽样在纸面上写来轻松容易，而具体实施起来却麻烦多多，这恐怕也是此法不易推广的一个原因。

　　说纸面上讲来容易，是因为随机抽样，就其最基本的形态说，不过是"抽签"或我们在第 1 章中已多次提到过的"盒中抽球"的模型。设某社区有人口 1 万，要做其 1% 的抽样调查。先将这 1 万人自 1 至 10 000 编号，每人各有一个号。准备 1 万个大小和质地一样的球（或纸片也可以，此处只做说明，不计较实行的难易），其上分别写上数字 1 至 10 000，将球放入一个不透明的大口袋中，充分扰乱后，从中抽出 100 个——可以一次抽出 100 个，也可以一个一个抽，但每次抽的球，下次抽时不放回去，这叫作"不放回抽样"。这 100 个球上的数字所对应的那 100 个人，即构成样本。

　　这样的抽样法叫作"简单随机抽样"，因为其形式简单，"机会均等"的性质一目了然，但它并非在实施上是最简单的一种随机抽样方法。正相反，从一定意义说，**这种"简单随机抽样"，在实施上常是最复杂的一种随机抽样方法，因此在大型的抽样调查工作中很少应用，而往往用一些变通的方法（仍保持"机会均等"这一性质）来代替之。**但这并不降低简单随机抽样方法的重要性，因为其理论比较简单，且更复杂的抽样方法的理论是以之为基础的，这个问题到稍后再谈。

在实施这一方法时,有三件事要做:1.给调查对象的群体中的每一个体编号;2.准备"抽签"的工具,实施"抽签";3.对样本中每一个体,去量测或调查所关注的指标。这些事完成后就是所得数据的分析问题,暂且不谈。

先说第一件事,在大群体中,这是一个老大的麻烦。比如抽样调查一个省农民的经济状况,涉及个体数以千万计,要对每一个体编上号谈何容易,就是包括几千人的群体也非轻而易举。这一步看来没有什么简省的方法可以代替,当然,组织上的工作做得好可以使工作有条不紊,减少错误。第三件事也不容易,这里有两个问题。首先,样本中的个体在地域上散布很广,比如有一个偏远的角落有几个样本,也必须专程前往。在使用通讯调查时这种麻烦可以减少,但通讯调查中"调查对象不回答"的问题,会比当面访问更严重,而只根据愿意回答者所提供的资料,其统计分析会产生偏差,这是抽样调查的理论和应用中的一个困难问题。其次,当调查对象是人(即使调查对象是企业之类的机构,但仍要人来回答问题)时,得到所关注的指标的可靠数据有时也不易。如果调查对象只是个体的身高之类的资料,问题可能好办些,但若内容涉及隐私或敏感问题,如个人收入情况、是否吸过毒之类,被调查者不一定愿意说出真实情况。这时就要想些办法，比方说，设计合适的问题单，即一张包含一些不那么敏感的问题的单子，但问题都与调查关注之点有某种关联，以便于按被调查者对这些问题的回答去做出估量，有时不得不采取煞费苦心的办法。在 C.R. 劳著、石坚等译的《统计与真理》一书中，有一个有趣的例子，介绍了怎样用一种迂回的办法去估计人群中吸食大麻者的比率。

为免除因抽签而准备纸条或球等方面的麻烦，统计学家设计了一种叫作"随机数表"的东西，那是一种完全由数字 0, 1, …, 9 组成的表，其中每个数字都是用随机的方式决定的。理想的随机数表应按照如下的方式制作。准备 10 个大小和质地一样的球，放入一个不透明的袋子里，球上分别写上数字 0, 1, …, 9。将球充分扰乱后，从袋中抽出一个球，将球上的数字记在纸的第一行最左边的位置。把球放回去，充分扰乱，再抽出一个，将球上的数字记在第一行第 2 个位置。按照这个办法无限次地重复下去，你想要得到多少数字都可以。把所得数字按行、列依次排列，满了一页再排下一页，就可以得到一本包含多页的随机数字的书，这就是随机数表。第一个这样的表由英国统计学家梯培特于 1927 年出版 [①]。该

①　但梯培特的随机数表并非用抽签式的方法制成，据说是利用某种现成的统计数字经过加工排列而得。

书共 26 页，含 41 600 个数字，次页所载是该书某页的一部分（转录自 C.R. 劳著、石坚等译《统计与真理》一书）。它是按 4 个数字一组排列，5 组成一单元，这种排列是为了使用上的方便。

我们来举例说明此表如何用于抽样。设有一个由 90 个个体组成的群体，要从中随机抽出 10 个作为样本。把群体中的个体按 0 至 89 编号，查随机数表，例如此处所附的一页，看表 3.1 的最左边的两列，用它们组成一些 2 位数，由上至下依次是

78, 32, 29, 83, 55, 26, 32, 27, 74, 53, 92, 58, 28, 51, …

表 3.1　梯培特的《随机抽样数》一书中第 14 页的一部分

7816	6572	0802	6314	0702	4369	9728	0198
3204	9243	4935	8200	3623	4869	6938	7481
2976	3413	2841	4241	2424	1985	9313	2322
8303	9822	5888	2410	1158	2729	6443	2943
5556	8526	6166	8231	2438	8455	4618	4445
2635	7900	3370	9160	1620	3882	7757	4950
3211	4919	7306	4916	7677	8733	9974	6732
2748	6198	7164	4148	7086	2888	8519	1620
7477	0111	1630	2404	2979	7991	9683	5125
5379	7076	2694	2927	4399	5519	8106	8501

9 2 6 4	4 6 0 7	2 0 2 1	3 9 2 0	7 7 6 6	3 8 1 7	3 2 5 6	1 6 4 0
5 8 5 8	7 7 6 6	3 1 7 0	0 5 0 0	2 5 9 3	0 5 4 5	5 3 7 0	7 8 1 4
2 8 8 9	6 6 2 8	6 7 5 7	8 2 3 1	1 5 8 9	0 0 6 2	0 0 4 7	3 8 1 5
5 1 3 1	8 1 8 6	3 7 0 9	4 5 2 1	6 6 6 5	5 3 2 5	5 3 8 3	2 7 0 2
9 0 5 5	7 1 9 6	2 1 7 2	3 2 0 7	1 1 1 4	1 3 8 4	4 3 5 9	4 4 8 8
7 9 0 0	5 8 7 0	2 6 0 6	8 8 1 3	5 5 0 9	4 3 2 4	0 0 3 0	4 7 5 0
3 6 9 3	9 2 1 2	0 5 5 7	7 3 6 9	7 1 6 2	9 5 6 8	1 3 1 2	9 4 3 8
0 3 8 0	3 3 3 8	0 1 3 8	4 5 6 0	4 2 3 0	6 4 9 6	3 8 0 6	0 3 4 7
0 2 4 6	4 4 6 9	9 7 1 9	8 3 1 6	1 2 8 5	0 3 5 7	2 3 8 9	2 3 9 0
7 2 6 6	0 0 8 1	6 8 9 7	2 8 5 1	4 6 6 6	0 6 2 0	4 5 9 6	3 4 0 0
9 3 1 2	4 7 7 9	5 7 3 7	8 9 1 8	4 5 5 0	3 9 9 4	5 5 7 3	9 2 2 9
6 1 1 1	6 0 9 8	0 9 6 5	7 3 5 2	6 8 4 7	3 0 3 4	9 9 7 7	3 7 7 0
2 3 1 0	4 4 7 6	9 1 4 8	0 6 7 9	2 6 6 2	2 0 6 2	0 5 2 2	9 2 3 4
9 8 2 6	8 8 5 7	8 6 7 5	6 6 4 2	5 4 7 1	8 8 2 0	4 3 0 8	2 1 0 5
6 7 0 3	8 2 4 8	6 0 6 4	6 9 6 2	0 0 5 3	8 1 8 8	6 4 9 4	4 5 0 9
1 1 1 0	9 4 8 6	6 5 3 3	3 9 5 4	1 9 4 4	1 5 1 6	1 6 8 2	3 4 0 4
9 6 5 1	1 4 5 6	5 6 1 3	0 3 5 7	4 2 4 4	3 3 4 1	9 6 0 5	3 5 6 7
8 3 5 0	5 7 2 8	4 3 3 8	0 8 2 4	7 8 9 9	1 3 0 7	5 8 1 4	8 6 8 8
6 9 8 2	5 1 2 6	7 7 3 6	3 3 8 3	6 2 1 5	3 4 4 1	8 5 7 8	2 2 7 7
6 4 9 0	7 6 4 4	7 0 8 5	8 3 6 1	5 6 6 2	4 1 4 1	9 8 7 7	3 7 4 7
8 5 7 0	2 1 5 0	8 1 4 0	4 3 5 5	5 3 2 1	2 5 4 8	0 2 0 8	7 5 4 3
9 1 6 9	0 4 0 8	4 3 5 3	6 1 2 2	8 9 1 3	9 9 3 0	4 1 6 9	6 0 3 2
2 1 2 7	0 1 6 2	6 1 7 6	4 9 6 9	8 1 8 5	9 3 1 2	8 7 4 8	8 5 7 5
8 0 9 0	9 8 7 2	1 9 6 8	0 2 6 3	0 0 8 1	2 6 6 2	6 8 3 1	3 1 0 6
2 9 5 9	9 0 1 1	1 4 4 8	4 3 4 6	7 0 1 9	8 1 4 8	1 5 5 7	8 4 0 0

其中 32 重复出现，只保留一个，92 超过了 89，不能要。去掉这些

后，读出 10 个既无重复且都不超过 89 的数，即

78, 32, 29, 83, 55, 26, 27, 74, 53, 58

这些号所对应的个体被选入样本。如果样本量不止 10，就要继续往下读，找出 28, 51 等。如两列不够，再启用表的第 3 列、第 4 列，得 16, 04 等，直到取足所需个数为止。如果群体的个体数多于 100 但不多于 1000，就要把表的 3 个列联合使用，得 781, 320 等号。若群体的个体数多于 1000 但不多于 10 000，则要联合 4 列使用，以此类推。为了获得更好的效果，每次使用时不必从表的第 1 页开始，可"随机"翻到表的某一页，在一页内，也不必从左上角开始，可"随机"从该页上的某个位置开始。

现在，人们也广泛地利用计算机产生随机数字，那是根据一定的算法而产生的，严格讲来，不是上面所讲的那种随机数，因此也常被叫作"伪随机数"。不过，它在统计性质上很接近于真正的随机数，不影响其应用。计算机虽然精巧且神通广大，却是不能产生上述严格意义下的随机数的，根本原因在于，"机会均等"是一个无法严格定义的概念。用"球在盒中被充分扰乱"，是实现"机会均等"的一种做法。如在第 1 章中所述，这也只是在感觉上我们觉得如此，因为，所谓"充分扰乱"，也不是一个可以严格定义的概念。

以上讲的随机数是十进位的，也可以考虑制作其他形式的随机数表。例如只含 0, 1 这两个数字的随机数表，其每个位置或 0 或 1，以同等的机会出现。

随机数表有很多用处，除上述用于抽样外，另一个重要应用是模拟一定的概率模型。时常，一种概率模型的性质在理论上去探讨很难，这时，通过模拟可以在统计上对其性质做出估量，这有点相似于用频率估计概率。表面上看，随机数只适用于模拟"机会均等"的情形，但经过数学上的转化，以这种情形为基础，可用于模拟更为复杂的模型。随机数的另一个有趣的应用是用于编制密码。同一个密码如用的时间过久，则易于为人所破译，比较保险的办法是按一种随机的方式不停地更换，而更换的方式（称为密钥），由机器产生，除非失密，不易为敌方所了解。例如，可以把要传送的每个符号编成由 0、1 组成的某个序列。如（比方说）"他"这个字可以编为

$$0100011001000111 \tag{1}$$

共 16 个数字。但是在发出前，先按发送方和接收方都了解的密钥，比方说

$$1001111000100110 \tag{2}$$

将其转化为另一序列。方法是，密钥中为 0 的位置不变，而为 1 的位置则改变（1 变为 0，0 变为 1），这样，序列（1）经密钥（2）转换后化为

$$1101100001100001 \qquad (3)$$

发出的是序列（3）。对方收到后，按密钥（2）还原为（1），就得到"他"这个字。这一切都由密码机自动完成，密钥也由机器产生，并不固定，因此难于侦破。

简单随机抽样在实施中有其麻烦之处，这在前面已提到了。另外，从效率的观点看，它也不一定是最好的方案，因此在实际中常对之做出一定的变通，以下介绍最常用的两种。

一是**分层随机抽样**。"分层"的概念，前面在介绍凯尔的"代表性抽样"时已提到了。举一个简单的例子，设要对国内全体高校教师的状况进行抽样调查，把教师按职称高、中、初 3 个等级分成 3 个"层"。设（比方说）各层人数之比大致为 2∶3∶5，而我们打算抽 2000 人进入样本，则按此比例在高级职称教员中抽 400 人，中、初级职称中抽 600 人和 1000 人。但在各层内，抽样按简单随机或下文介绍的集团抽样的方式抽出。这么做的好处是，使样本在宏观上具有更好的代表性。如果按简单随机的方式抽，则随机的作

用可以使在样本中各层的比例，与其在全群体中的比例产生较大的差距，特别在样本量较小时更显著。做这种抽样的要求是分层要合理，且对各层所含个体数的比例要了解得比较准确。如在本例中，按职称分层，对绝大多数调查目的来说是一个合理的做法。若是按地域（比方说按南、北或东、西），则对某些调查项目可能适合，但对于收入、健康状况等重要指标就不见得合适了，因为地域的差别对这些指标并无多大影响，分层不会缩小偶然性的作用。另外，若对各层所含个体数的认定有较大的偏差，则在样本中将产生系统性偏差而影响结果的精度。

另一个重要的方法是**集团抽样**。其方法是先按某种标准，把群体中的个体分成一些集团。第一阶段先抽出一些集团（凡未被抽出的集团，其中的个体皆不进入样本），然后在每一集团中再按某种方式抽出一些个体，各集团中所抽出的个体组成样本（也可以只有第一阶段，即抽出的各集团中的个体全进入样本）。拿上例来说，可以把一个高校作为集团，也可以把一个城市的全体高校作为一个集团。

这些抽样方法可以结合起来使用，构成各种形式的抽样方案。例如全部集团也可以分层，集团内的抽样方式可以是简单随机抽样，也可以是其他的抽样方式。集团内还可以分成小集团，例如把一个高校作为集团，则每一个系可以作为子集团，再在一高校内做集团抽样，等等。

集团抽样的好处在于降低样本在地域上的散布程度。就此例来说，如做简单随机抽样，则所得样本可能散布在全国上千所高校内，访问起来很费事。若做集团抽样，可以（比方说）把要调查的对象限制在百所学校的范围内，而在一个学校里又可集中在少数几个系内，工作量减轻不少。

集团内所含个体数不一，例如大的高校教员有几千人，小的不过几百人，如在各集团间做"机会均等"的抽样，则各个体被选入样本的机会就不会均等，但可以用一些补充的规定来保证这一点。例如，让大的集团有更大的概率被抽出。一般地，对群体内的个体或集团，可按其重要性各赋予不同的概率，而抽样方案设计成使每一个个体有按此概率被抽出的机会。这种抽样方案叫概率抽样，简单随机抽样是其特例，其中每一个体被赋予相同的概率。

随机抽样方法把调查对象的选定委之于机会，目的是为了避免调查者主观上的偏向性。对于不习惯从统计学观点考虑问题的人来说，难免对这种做法有所怀疑，觉得与其委之于机会，还不如在经过考虑的基础上由人主动去挑选好。正确认识这个问题的关键，在于理解在什么情况下用随机抽样的方式更适合。我们不能武断地说，不论在任何情况下都是用随机抽样的方式最好。举一个不甚贴切的例子，要从系里成百名教员中挑选几名去参加校运动会，正确的做法是根据教员的条件，挑选其中最有竞争力者，而不会用随机抽样的方法去挑。另外，如果群体不大，而我们对群体中每一个体都有充分的了解，这时人为的选择（只要选择者不抱偏见）可能得出比随机抽样更有代表性的样本。

那么，随机抽样主要适合于哪些情况呢？首先，群体足够大，以至研究者不可能充分掌握其中各个体的情况。如果群体较小，干脆用普查的方式，工作量也不大。其次，抽样的目的不是让选出的个体完成某项明确的任务（如参加运动会），而是为了对群体的某项指标进行估计。例如该群体中患有某种疾病的人的比率有多大，其平均收入有多少等，对这类问题，通过随机抽样所做的估计，其误差可用概率方法加以估计。若用人为挑选的办法，则因为群体中个体数太多，代表性不易保证，因而在估计上会有偏差，且偏差大小无法进行估计。借用经济学上的说法，随机抽样可比拟为用"看不见的手"来进行调节。在市场中，充满了难以掌握的偶然因素，可人类的经验证明，市场经济有利于使资源配置优化，产生更大的经济效益。而计划经济则由于人的认识有限及不能摆脱主观偏向的局限性，效果反而不如市场经济。这个比拟可以启示我们随机抽样优越性的道理所在。

由于在挑选样本时未能充分体现随机化的原则而造成失误的例子，在应用上不少见。历史上一个有名的例子，是美国一家有名的刊物《文学文摘》预测 1936 年美国总统选举，结果发生重大失误的事。当年的两位候选人，一是民主党的罗斯福，一是共和党的兰登。当时大多数民意测验、新闻机构和政治观察家预测罗斯福会获胜，但《文学文摘》与众不同，它预言兰登会以 57% 对 43% 的优势战胜罗斯福。最后结果是，罗斯福以 62% 对 38% 的压倒性优势当选。由于这个重大失误，这家杂志不久即宣告破产。

《文学文摘》做出这个预测，并非一种主观臆断，而是根据对 240 万人的民意测验做出的。附带说一句，盖洛普在战后做过多次关于总统大选结果的民意测验，不仅与实际结果接近（当选者预测无误，得票率估计略有误差），且调查的人数也不过几千人，比《文学文摘》所用的 240 万人相去甚远，但预测结果却相当成功[1]。

---

[1] 原拟调查的人数为 1000 万人，收到的回答为 240 万份。《文学文摘》使用如此大的样本的事实，说明迟至 20 世纪 30 年代，抽样调查的数学理论尚未抽样调查方法的使用者普遍了解。我们曾指出，所需样本数并非要与总体中的个体数成比例。

盖洛普测验的具体情况如表 3.2 所示。

表 3.2 盖洛普民意测验

年份	样本量	当选者	盖洛普预测得票率	实际得票率
1952	5385	艾森豪威尔	51%	55.4%
1956	8144	艾森豪威尔	59.5%	57.8%
1960	9015	肯尼迪	51%	50.1%
1964	6625	约翰逊	64%	61.3%
1968	4414	尼克松	43%	43.5%
1972	3689	尼克松	62%	61.8%
1976	3439	卡特	49.5%	51.1%

预测结果与实际结果很接近，有的预测得票率低于 50%（实际得票率也有这种情况），为何盖洛普仍预言该候选人当选呢？这当然是因为受访者中有相当一部分未回答或未明确表态（未回答作不投票计）。至于在实际选举时得票率未超过 50% 而仍能当选，还与美国总统选举的具体办法有关，这里不细说了。

为何《文学文摘》做了这么大规模的调查，反而没有取得满意的结果呢？**问题出在样本的挑选上**。该刊从电话号码簿和俱乐部会员名册上挑选了过多的访问对象，这样做在工作上带来了方便。如果要在全国范围内用随机的方法挑选访问对象，则麻烦要大得多。但在 1936 年，美国家庭装的电话机只有 1100 万部左右，因此有家用电话者，尤其是有条件参加某种俱乐部的人，大多是经济上较富有、政治上保守而倾向共和党的选民，这就造成显著的系统性偏差。就是说，较贫穷的阶层，包括当时多达 900 万的失业者，在样本中缺少其应有的代表性。当时正值 1929—1933 年经济大萧条过去不久，较贫困的阶层人数不少，与兰登相比，罗斯福推行的新政较多地考虑了这些人的利益，这解释了《文学文摘》的预测为何产生如此大的偏差。除此以外，它还犯了一个错误：该刊起初拟访问对象为 1000 万人，相信在这个庞大的样本中，美国社会各阶层的代表性会好些。但这 1000 万人中只有 240 万人寄回了对问题单的回答。较富有的人、对当时现实抱比较满意态度以及文化水平较高的人，做出回答的可能性要大些，这个倾向有利于共和党。这是另一个系统性偏差，它加重了原来在挑选样本时已存在的系统性偏差。这一点曾在芝加哥地区得到证实，该刊向芝加哥地区 1/3 的登记选民发了问题单，有 20% 的人做了回答，其中半数以上有利于兰登。但实际结果是，在芝加哥是以 2∶1 的优势有利于罗斯福。

　　类似于本例的错误，在其他抽样调查工作中也时有发生。除了有意地偏向外，为图工作省事而不去认真实行随机化抽样方案，是一个常见的原因。如调查某地区的农民经济情况，为图方便，更多地在交通沿线和城镇附近地区多找调查对象。这些地区一般经济较发达，农民的状况也较好，因而样本就包含较大的偏差。另外，我们前面曾提到在抽样调查中的"无回答"的问题，其影响在本例中也得到充分印证。所以，我们一开始就说，随机抽样在纸面上谈起来容易，要做好却是麻烦多多。

3.3 数据的分析

前面讲的是如何取得样本的问题，这一节来谈谈对样本进行统计分析的问题。抽样的目的，是通过得到的样本，去对样本所来自的总体的情况获得了解，统计分析的任务就是做这件事。

我们先把讨论的范围明确界定一下。首先，这里只讨论单指标的问题。例如，只考虑人的体重，体重就是一个单指标。可能我们关心的还有其身高，这时（体重、身高）就是 2 指标，类似有多指标（比如加上其腰围、臂长，等等）。多指标的复杂之处在于指标之间有相关性，例如，一个人的体重与其身高有相关性。指标间这种相关性问题的统计分析到后面再谈。

其次，我们只讨论简单随机抽样的情况，更复杂的抽样方案会带来烦琐的公式，不便在此讨论。

关于样本，有两种情况，一是数量型的，一是属性型的。前者如人的身高、收入之类，可以用一个数量来表达。后者如人的健康状况分成好、中、差三个等级，产品质量分特级、一级，等等。

对属性型样本的情况，实际上是一个分类。总体中的个体按某属性分成 r 个类，如人的健康情况分好、中、差，则 $r=3$。以 p_i 记第 i 类个体数占全部个体数的比率，$p_1+p_2+\cdots+p_r=1$。问题只在于通过样本估计 $p_1, p_2, \cdots, p_r$，设所抽的 n 个样本中，归入第 i 类的有 n_i，则以 n_i/n 作为 p_i 的估计，这就是我们讲过的"用频率估计概率"的方法。不同的是，这里抽样是不放回的——在讲"盒中抽球"模型时，我们曾规定每次抽球后，球要放回去再抽下一次，以维持盒内黑、白球个数不变，因而模型也不变。在实用上，抽样都是不放回的，但这不影响"用频率估计概率"的方法。以后我们将指出，实际上抽样不放回时，估计的效率更高。

对数量型的情况，设总体中有 N 个个体。在应用上，N 可以是已知，也可以未知，但是一个定数。每一个体有一个指标值，记为

$a_1, a_2, \cdots, a_N$。例如总体中包含 1000 名工人，我们关注的指标是其工资，则 $N=1000$，而 $a_1, a_2, \cdots, a_{1000}$ 是这 1000 名工人的工资。假定抽出 n 名工人，其工资分别是 $x_1, x_2, \cdots, x_n$，则 $x_1, x_2, \cdots, x_n$ 就是样本。所以，样本值如何，要看你关心的是个体的什么指标。如若关心的是工人的体重，则样本值将会是另一些数据了。

问题在于通过所得的样本值去了解（统计上称推断）关于总体的情况，哪些情况是我们想了解的呢？这要看研究者的关注之所在。以下几个问题及研究处理方法是典型的。

1. 总体分布　说得仔细点，是"总体中的个体的指标值的分布"。拿上例来说，就是这 1000 名工人的工资的分布。它告诉我们，有多少工人，其工资是多少，或工资处于一定界限之内的工人有多少，所占比率如何。分布在表述上可粗可精，如就本例而言，说"工资在 500 元以下的和不少于 500 元的各占 50%"，是工资分布一种很粗的表述。如果说"工资少于 300 元的，300～500 元的，501～750 元的及 750 元以上的，各占 25%"，则表述就更精一些。如有必要，还可以表述得更精，但并非愈精愈好，粗一些的表述便于我们掌握大势，但损失了较多的细节。精一些的表述其优缺点与此正相反。

2. 总体平均值　指总体中全部 N 个个体的指标值 $a_1, a_2, \cdots, a_N$ 的算术平均：

$$a = (a_1 + a_2 + \cdots + a_N)/N \qquad (4)$$

这是最重要的一个指标。在许多调查工作中，人们关心的就是这个平均值。

属性型情况下的各类比率，是总体平均值的一个特殊情况。如在人的健康情况分好、中、差的例子中，我们可以人为地给每个人以一数量指标，其值为 1 或 0，视他的健康情况为"好"或为"中、差"而定，则这个指标的总体平均值，正好就是健康情况好的人数占全群体人数的比率。因此，有关属性型指标情况的问题没有必要单独去讨论。

3. 总体方差　总体方差是刻画指标值围绕其平均值的散布程度的量。设总体中含 N 个个体，指标值分别为 $a_1, a_2, \cdots, a_N$，总体平均值为 a，则 $a_i - a$ 反映指标值 a_i 与 a 的偏差。一共有 N 个偏差 $a_1 - a, a_2 - a, \cdots, a_N - a$，其平方的算术平均，即

$$\sigma^2 = \{(a_1 - a)^2 + (a_2 - a)^2 + \cdots + (a_N - a)^2\}/N \qquad (5)$$

就是总体方差。其平方根，即称为总体标准差。为简省书写，在数学上对许多个数的连加常用符号 $\sum$（读如 Sigma）。

例如，$a_1+a_2+\cdots+a_N$ 简记为 $\sum\limits_{i=1}^{N} a_i$。这样，（4）（5）两式可分别简写为

$$a = \sum_{i=1}^{N} a_i \,/\, N \qquad\qquad (6)$$

和

$$\sigma^2 = \sum_{i=1}^{N} (a_i - a)^2 \,/\, N \qquad\qquad (7)$$

在公式（6）中，记号 a_i 中的 i 称为"足标"，$\sum$ 号下面的 1 和上面的 N，指示在相加时足标流动的起止点。例如若 $a_i = i^2$，则

$$\sum_{i=2}^{5} a_i = 2^2 + 3^2 + 4^2 + 5^2 = 54$$

也可直接写成 $\sum\limits_{i=2}^{5} i^2 = 54$，不必一定通过足标显示出来。

方差（及标准差）是反映总体性质的、重要性仅次于平均值的重要参数。方差愈大，个体指标值散布愈宽，每一个体的代表性就愈差。在这种情况下，为了解总体情况而抽样时，就要求有较大的样本量，即需要抽出更多的个体。在方差小时，所需样本量就较小因而可以节省。在极端情况，总体中的一切个体都有同一指标值，方差为 0，这时只用一个个体就可以完全代表全部总体。

总体分布的估计其实是"属性型指标"的问题，已在前面讨论

过了。例如估计某一群体中工人工资的分布问题，为估计工资在350～550元的工人在全体中所占比例，只需用其频率——样本中工资在此范围内人数所占比率就可以。这个处理方法有其不便之处，因为谈到分布，是一个全面的概念，为提供充分的信息，我们必须对许多区间段的比率做估计，例如250～350元，300～450元，450～600元，等等。结果会给出一堆杂乱的数字，我们不易从中发现什么有意义的特点，用一种叫作直方图的图示法可以弥补这个缺点。我们举一个例子来解释什么是和怎样画直方图。

例如，某市调查小学生每月零花钱数，通过随机抽样得223人，其月零花钱数为（括号内是人数）

26(1)　27(4)　29(1)　30(4)　31(3)　32(2)　33(5)　34(3)　35(2)

36(3)　37(7)　39(7)　40(1)　41(1)　42(5)　43(8)　44(6)　45(7)

46(6)　47(6)　48(8)　49(4)　50(2)　51(5)　52(5)　53(5)　54(5)

55(3)　56(5)　57(3)　58(8)　59(4)　60(6)　61(5)　62(3)　63(2)

64(1)　65(1)　66(3)　67(4)　68(2)　69(8)　71(2)　72(1)　73(1)

74(3)　75(2)　76(2)　78(1)　80(4)　81(3)　82(2)　83(4)　84(7)

90(3)　91(3)　92(3)　93(4)　95(2)

这些数据做成的直方图如图 3.1 所示。

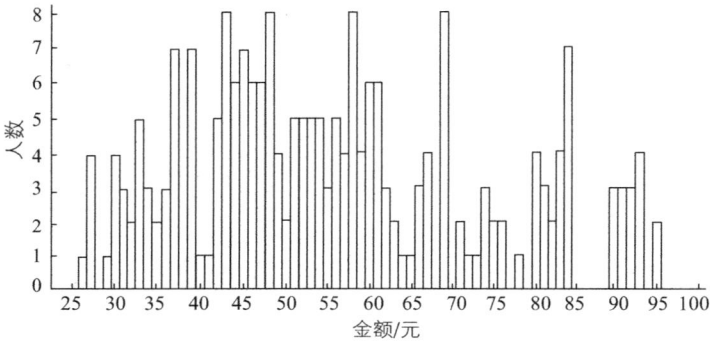

图 3.1   金额 – 人数直方图

这个直方图由一些矩形组成，选下面的底边长为 1（这个值可自由选定，见下）。矩形的作法如下。因 26 元的有 1 人，把这 1 人算作 25～26 元的区间内，称为组区间，1 称为这个组区间的频数。作一个区间，底边为 25～26 而高为频数 1。类似地，27 元的有 4 人，将其算在组区间 26～27 内，频数为 4，作一个区间其底边为 26～27 而高为 4。以此类推，根据所有的数据把所有的矩形都作出来，即得到这组数据的直方图，叫"频数直方图"。也可以用组区间内数据个数占全部数据个数的比率（称为频率），来取代频数作为区间的高，这样制作出的直方图叫频率直方图。例如，在频率直方图中，底边为 25～26 的矩形之高为 1/223，而底边为 26～27 的矩形之高为 4/223，等等。

频率直方图有以下的性质。首先，全部矩形面积之和为 1。其次，任意给定整数 a、b，$a < b$，则在样本中，其月零花钱超过 a 元但不超过 b 元的人数所占比率，正好等于 $a\sim b$ 区间上所有矩形面积之和。因此它具有概率分布的性质，所以可以看作在全市小学生这个总体中，月零花钱这个指标的总体分布的一个近似估计。

这样制作出的直方图有一个缺点：各矩形的高呈现一种杂乱而无规则的变化，以致从中很难看出分布有何特征。这原因在于组区间之长取得太短，显示了样本中过多的细节，而这种细节受到抽样的偶然性影响。例如，月零花钱为 37 元和 39 元的各有 7 人，而为 38 元的一个也没有，这极可能是偶然性所致。为改善这个情况，我们把组区间取长些，例如定为 10，组区间取为 20～30, 30～40, …, 90～100，然后计算落入各组区间内的数据个数。注意，例如在区间 30～40 中，等于其左端 30 的数据不计在内（它计入组区间 20～30 中），余类推。这样得出各组区间的频数为

20～30(10), 30～40(33), 40～50(53), 50～60(50),

60～70(30), 70～80(16), 80～90(19), 90～100(12)，

138

制作的频数直方图如图 3.2 所示。从这张直方图上就可以看出某些特征，即开始时人数上升，达到一个高点后即下降，大致呈现一种"两头低、中间高"的形态，但不像是正态的，因正态分布在最高点两边呈对称形态，而此处则比较偏向大值的一边。

把组区间适当取大一些使分布的特性显示出来，但也付出一定的代价。例如，从这张直方图上只能看出，在 40～50 这个区间（不包括 40）内数据个数为 53，但具体每个值，如 41、42 等，各有多少数据，就看不出来，而在原来的直方图上这是可以看出来的。

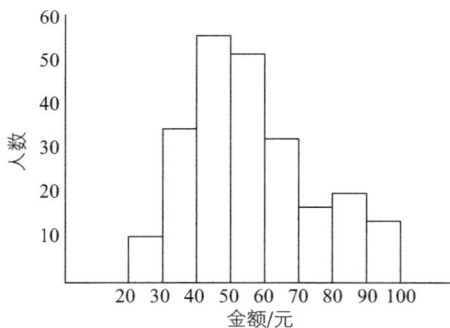

图 3.2　以 10 元为间距的金额 – 人数直方图

也可以把频数转成频率从而制作出频率直方图。但要注意的

是，必须把各组区间的频率除以区间之长（在此处为 10）作为矩形的高。例如，组区间 30～40 上的那个矩形的高应为

$$(33/223) \div 10 = 33/2230,$$

这样做的目的，是使频率直方图仍具有前面（在边长为 1 时）所讲过的那两条性质。

4. 总体均值的估计：样本均值　仍设总体中包含 N 个个体，其指标值分别为 $a_1, a_2, \cdots, a_N$。总体平均 a 由公式（4）确定，通过简单随机抽样得到样本 $x_1, x_2, \cdots, x_n$。n 不能超过 N，要利用这些样本去估计 a。

估计的方法很简单，就用算术平均

$$\bar{x} = (x_1 + x_2 + \cdots + x_n)/n = \sum_{i=1}^{n} x_i / n$$

去估计 a。x 称为样本均值。这种方法，一般没有接触过统计学的人，也能理解，但要说清楚其道理，就比较复杂。由于本书的性质，不能在此做复杂的数学论证，我们只是从方差的角度，通过一个例子来说明问题。

例　设一个总体含 6 个个体，其指标值分别为

$$3, 9, 18, 54, 72, 96, \tag{8}$$

140

其总体平均值为

$$a=(3+9+18+54+72+96)/6=42,$$

现用简单随机抽样的方法，从总体中抽出 3 个样本 x_1, x_2, x_3，用 $\bar{x}=(x_1+x_2+x_3)/3$ 估计 a。

读者可能会有疑问：“既然 a 已经知道了，还有何必要通过抽样去估计它?”实际上，在现实问题中，个体指标值及其平均值 a 都是不知道的。正如一群人，在未对其中某个体量测之前，不可能知道其身高。此处是作为例子，假装不知道 a 而去估计它，然后拿估计值与已知的 a 值比较，看其性能如何。正如要验证一杆秤是否准确时，可以拿一个重量已知的东西在上面称一称。

总体方差按公式（7）计算，为

$$\sigma^2=\{(3-42)^2+(9-42)^2+(18-42)^2+(54-42)^2+(72-42)^2$$
$$+(96-42)^2\}/6=1191。$$

从总体（8）中抽 3 个样本，其一切可能结果及其相应的样本均值 $\bar{x}$，如表 3.3 所示。因为是简单随机抽样，样本的 20 种不同情况，都有同等的机会出现，所以我们可以换一种看法：所谓用 $\bar{x}$ 去估计总体平均 a，等于从一个包含 20 个个体的总体中随机抽出 1 个去估计 a。这 20 个个体的指标值如表 3.3 所示。

表 3.3　从总体（8）中抽 3 个样本的结果及其 $\bar{x}$

样本	3, 9, 18	3, 9, 54	3, 9, 72	3, 9, 96	3, 18, 54	3, 18, 72	3, 18, 96
$\bar{x}$	10	22	28	36	25	31	39
样本	3, 54, 72	3, 54, 96	3, 72, 96	9, 18, 54	9, 18, 72	9, 18, 96	9, 54, 72
$\bar{x}$	43	51	57	27	33	41	45
样本	9, 54, 96	9, 72, 96	18, 54, 72	18, 54, 96	18, 72, 96	54, 72, 96	
$\bar{x}$	53	59	48	56	62	74	

$$10, 22, 28, 36, 25, 31, 39, 43, 51, 57$$

$$27, 33, 41, 45, 53, 59, 48, 56, 62, 74 \qquad （9）$$

此总体的平均值容易算出为 42，即要估计的 a 值。这话的意思是，若拿 $\bar{x}$ 去估计 a，有时偏低，有时偏高，具体从上表看出，$\bar{x}$ 可以低到 10，高到 74，但其平均恰为 42，即 a。这个性质叫作样本均值 $\bar{x}$ 的"无偏性"，或者说，$\bar{x}$ 是 a 的无偏估计。这个名词在字面上易引起误解，以为用 $\bar{x}$ 去估计 a 在任何情况下都没有一点偏差，其实不然。从上表看出，不论样本抽取的结果如何，$\bar{x}$ 没有恰

等于 a 的，故总有偏差。说 $\bar{x}$ 无偏是指其一切可能结果的平均为 a，并非指在任何具体情况下为 a。

再计算 $\bar{x}$ 值的总体（9）的方差（称为 $\bar{x}$ 的方差）：

$$\sigma^2(\bar{x}) = \{(10-42)^2 + (22-42)^2 + \cdots + (62-42)^2 + (74-42)^2\}/20$$
$$= 4764/20 = 1191/5 = \sigma^2/5。$$

$\bar{x}$ 的方差压缩到原来方差 σ^2 的 1/5。方差愈小，表示其取值在其平均值（即 a）附近集中的程度愈大，这意味着，用几个样本的平均去估计总体平均 a，比用 1 个样本去估计，其精度有改善，且改善的幅度，随着样本量的增大而增加。这可通过直接计算证明。在本例中，如依次取样本量 1，2，…直到 6，则仿照上述样本量为 3 时的计算，不难证明在每种情况下 $\bar{x}$ 都有无偏性，且方差随样本量增加而递减，情况如表 3.4 所示。

表 3.4　$\bar{x}$ 随样本量增加而递减

样本量	1	2	3	4	5	6
$\bar{x}$ 的方差	σ^2	$\dfrac{2}{5}\sigma^2$	$\dfrac{1}{5}\sigma^2$	$\dfrac{1}{10}\sigma^2$	$\dfrac{1}{25}\sigma^2$	0

样本量为 6 时，等于全面普查，$\bar{x}$ 必然等于 a，毫无误差，因此方差为 0。

可以在理论上建立一般的公式。若总体包含 N 个个体，总体均值为 a，方差为 σ^2。用简单随机抽样的方法从此总体中抽出样本 n 个，样本均值记为 $\bar{x}$，则 $\bar{x}$ 为 a 的无偏估计（无偏的意义见前面的解释），而 $\bar{x}$ 的方差为

$$\sigma^2(\bar{x}) = \frac{N-n}{N-1} \cdot \frac{1}{n} \cdot \sigma^2 \text{。} \tag{10}$$

它随 n 增加而减小，我们讨论过的例子中 $N=6$，因此 $\dfrac{N-n}{N-1} \cdot \dfrac{1}{n} = \dfrac{6-n}{5n}$。当 $n = 1, 2, 3, 4, 5, 6$ 时，其值依次为 1，$\dfrac{2}{5}$，$\dfrac{1}{5}$，$\dfrac{1}{10}$，$\dfrac{1}{25}$，0，如表 3.4 所示。

在简单随机抽样中，如把样本一个一个地抽出，则每次抽后不再放回去。在第 1 章中我们讨论"盒中抽球"的模型时，抽后是要放回的。设想在这里我们也按这种放回的方式抽样（这时，一个个体可以多次出现在样本中），而仍用样本均值 $\bar{x}$ 去估计总体均值 a，则可以证明，$\bar{x}$ 仍为 a 的无偏估计，但 $\bar{x}$ 的方差，记为 $\tilde{\sigma}^2(\bar{x})$，与公式（10）不同：

$$\tilde{\sigma}^2(\bar{x}) = \frac{1}{n} \sigma^2 \text{。} \tag{11}$$

这里 n 为样本量，σ^2 为总体方差。注意 $\tilde{\sigma}(\bar{x})$ 与总体中所含个体数 N 无关，而公式（10）中的 $\tilde{\sigma}(\bar{x})$ 则与 N 有关。

拿公式（11）与公式（10）比较，少了一个因子 $\dfrac{N-n}{N-1}$。因为 n 等于或大于 1，所以这个因子总不大于 1 且在 n 大于 1 时，必小于 1。因此，除非只抽一个样本，否则按不放回的方式抽，其样本均值 $\bar{x}$ 的方差，比按放回的方式抽时小。这表明，用不放回的方式抽能得到（用 5 估计 a 的）较佳的精度，这一点在直观上看也是显然的。

5. 总体方差的估计：样本方差　我们看到，为了解用样本的均值去估计总体均值的精度如何，需要知道总体的方差 σ^2。但 σ^2 一般是未知的，只能通过样本去估计它。设用简单随机抽样的方法抽得样本 $x_1, x_2, \cdots, x_n$，依照总体方差的公式（7），把样本 $x_1, x_2, \cdots, x_n$ 权且看作一个总体，按公式（7），其方差为

$$\Delta^2 = \frac{1}{n}\sum_{i=1}^{n}(x_i - \bar{x})^2 。 \tag{12}$$

它称为"样本方差"，因为这一方差是从样本中算出的。可以考虑的一种做法是用 Δ^2 估计 σ^2。这个想法是很自然的，因为在某种程度上样本是总体的代表，样本中各个体指标值散布的程度（以 Δ^2 衡量），理应能反映总体中各个体指标值散布的程度（用 σ^2 衡量）。

这估计的效果如何呢？我们拿前面讨论过的数字例子来考察一下。总体包含 6 个个体，其各指标值如（8）所示。从其中抽 $n=3$ 个样本，有 20 种可能的情况。把每种情况的样本方差一一算出来。例如，样本为 3, 9, 18 时，$\bar{x}=10$。按公式（12），样本方差为

$$\{(3-10)^2+(9-10)^2+(18-10)^2\}/3=114/3=38$$

对全部可能样本的计算结果如表 3.5 所示。

表 3.5　从总体（8）中抽 3 个样本对应的 Δ^2

样本	3, 9, 18	3, 9, 54	3, 9, 72	3, 9, 96	3, 18, 54	3, 18, 72	3, 18, 96
Δ^2	38	493	974	1806	458	787	1662
样本	3, 54, 72	3, 54, 96	3, 72, 96	9, 18, 54	9, 18, 72	9, 18, 96	9, 54, 72
Δ^2	854	1446	1554	382	774	1530	702
样本	9, 54, 96	9, 72, 96	18, 54, 72	18, 54, 96	18, 72, 96	54, 72, 96	
Δ^2	1262	1346	504	1016	1064	296	

从此表可以看出，不论抽得的样本如何，利用样本方差 Δ^2 去估计 σ^2（其值为 1191），都有很大的误差。随着样本的不同，Δ^2 可以小至 38，大至 1806，与 $\sigma^2=1191$ 最接近的 1016 和 1064，也有相当的距离。造成这种情况有两个原因：一是总体方差 σ^2 大，二是

146

样本量 $n=3$ 太小。在现实问题中，总体所含个体数一般很大。为了把 σ^2 估得准一些，样本量 n 要取得大一些。当 N 很小时，n 无法太大（n 不能超过 N），但这时可以做全面普查，没有抽样的必要。

如果把表中 20 个 Δ^2 值求平均，结果为

$$(38+493+\cdots+296)/20=952.8$$

这个值比 σ^2 的真值小，它表明，用 Δ^2 估计 σ^2，整体上讲倾向于偏低。为改大一些，可以试试在 Δ^2 的定义公式（12）中，把右边的分母 n 改为 $n-1$。对此例而言，$n=3$，按 $\frac{1}{n-1}\sum_{i=1}^{n}(x_i-\overline{x})^2$ 计算的结果，其 20 个值的算术平均为 1429.2，比 σ^2 的真值 1191 又偏大了。因此，和 $\sum_{i=1}^{n}(x_i-\overline{x})^2$ 前的乘数应大于 $1/n$ 而小于 $1/(n-1)$。理论研究表明，此乘数应为 $\frac{N-1}{(n-1)N}$ [①]。

$$\tilde{\Delta}^2 = \frac{N-1}{(n-1)N}\sum_{i=1}^{n}(x_i-\overline{x})^2 \qquad (13)$$

其中 N 是总体所含个体数。$\tilde{\Delta}^2$ 是修正的样本方差，它是 σ^2 的无偏估计。"无偏"的意义在前面已有了解释，就本例而言，它的意义

① 因 $\frac{N-1}{N}<1$，有 $\frac{N-1}{(n-1)N}<\frac{1}{n-1}$。另一方面，$n<N$（$n=N$ 为全面普查），放 $nN-N<nN-n$，即 $N(n-1)<n(N-1)$。两边同除以 $nN(n-1)$ 得 $\frac{1}{n}<\frac{N-1}{(n-1)N}$。

是，如果就一切可能的 20 组样本——算出其 $\tilde{\Delta}^2$ 的值，则这 20 个值的算术平均恰为 σ^2 的真值 1191。因而从整体上看，$\tilde{\Delta}^2$ 不倾向于偏高或偏低。当然，即使经过这一修正，$\tilde{\Delta}^2$ 在各样本（每样本含 3 个值）下所取的值，仍与 σ^2 有较大差距。上面已讲过这有其内在原因（σ^2 太大，样本量 $n=3$ 太小），不是通过修正能解决得了的。

作为抽样的目的，主要是为估计总体平均值 a，其所以估计总体方差 σ^2，在很多情况下，是为了由此去评估用样本均值 $\bar{x}$ 估计 a 的精度如何[①]。具体使用方法如下。当用 $\bar{x}$ 估计 a 时，我们不能保证所得 x 值恰为 a，而是会有一个误差界限。这界限是多少呢？在统计学上，它用以下的形式表达出来：

$$\text{"}a \text{ 的值界于 } \bar{x} - h\tilde{\Delta}/\sqrt{n} \text{ 与 } \bar{x} + h\tilde{\Delta}/\sqrt{n} \text{ 之间。"} \qquad (14)$$

其中 $\tilde{\Delta}$ 由公式（13）算出（公式（13）算出 $\tilde{\Delta}^2$，开方得 $\tilde{\Delta}$），n 为样本量。h 是一个选定的大于 0 的数。先不说这个 h。从（14）看出如下内容。

1）$\tilde{\Delta}$ 愈小，此界限愈窄，表明以 $\bar{x}$ 估计 a 的误差小。这理由在上面已讲过了，$\tilde{\Delta}^2$ 是作为总体方差 σ^2 的估计。权且认为 $\tilde{\Delta}$ 大体

[①]　在有些情况下，估计 σ^2 的问题有其独立意义，甚至是主要目的所在。例如，估计特定一群人中贫富差别的程度如何。

上为 σ，σ 愈大，总体中各个值的指标值散布也大，在这种情况下，总体均值 a 就难得估准，反映在（14）中，a 的误差界限就大一些。

2）$\sqrt{n}$ 在分母，故 n 愈大，（14）规定的界限愈窄。这道理很明显，n 为样本量，n 愈大，观察的个体数愈多，估计当然应准一些。不过由（14）看出，准确度并非与 n 成比例，而是与 $\sqrt{n}$ 成比例。因此过大的样本量造成收益递减：n 由 100 增至 400，准确度只提高二倍而非四倍。

最后说到 h。h 取得愈大，由（14）规定的界限愈宽，它真能成立的可能性就更大。正如估计人的年龄，估计他在 30～31 岁，成立的可能性不大，若估计他在 10～80 岁，则可能性大多了。由此可见，a 的选择面临一个"可靠性"与"准确性"的矛盾问题：把事情说得太确切，不留余地，可靠性就低；说得稀松一些，留有余地，可靠性就高。在应用上选择 a 时，是在这二者之间做出适当的折中，看哪个因素更要紧一些。在统计学上，有以下几个值比较常用。

$h = 2.5758$，相应于可靠度 99%；

$h = 1.9600$，相应于可靠度 95%；

$h = 1.6449$，相应于可靠度 90%。

例如，取 $h=1.96$，有了样本，算出 $\bar{x}$，$\tilde{\Delta}$ 再计算

$$\bar{x} - h\tilde{\Delta}/\sqrt{n} \text{ 和 } \bar{x} + h\tilde{\Delta}/\sqrt{n}，$$

则我们有 95% 的把握说："未知的总体均值 a 在上述两个数之间。"（14）要在 N 和 n 都很大时使用，n 太小了就不准确。

像（14）这样的断语，称为 a 的"区间估计"，因为它把未知的 a 估计在一定的区间之内。与此相应，像"用 $\bar{x}$ 估计 a"这样的估计，则称为 a 的"点估计"。点估计的缺点是没有告诉其误差如何，而这正是区间估计的优点。区间估计的方法是原籍波兰的美国统计学家奈曼（1894—1981）在 20 世纪 30 年代创立的。他把区间估计称为"置信区间"。"置信"一词，表明区间提供的界限并非绝对可靠，而是只有一定的可靠度，即上文提到的 90%、95%、99% 等，奈曼把这称为"置信系数"。奈曼创立的区间估计方法，如今是统计分析中最重要的工具之一。

第 4 章　通过试验收集数据

4.1　试验需要设计

　　讲过了抽样调查，我们来讨论采集数据的另一种方式：做试验。相比起来，这种方式所涉及的问题更为复杂。在抽样调查中，我们的问题只是确定抽出的个体数——样本量，以及用怎样的方式（简单随机抽样、分层抽样、集团抽样等）去抽取这些样本。做试验则不然。在此，人有更大的主动性。例如做一个农业试验，使用怎样的播种量、施肥量等，人有很大的选择余地。这固然有很大的好处，但麻烦也就跟着产生。因为如果选择不当，轻则降低效率，事倍功半，浪费人力、物力、资源，重则将人引入歧途，无法得出结论，甚至导致失败。

　　例如，你手头有两颗钻石，要在一架天平上称出其各自的重量。一种办法是一次称一颗，若不计较天平的误差，称两次即得所要的结果。这当然是一个合理而可用的安排，但如考虑到天平有称量误差，则上述的安排不是最好的。最好的安排是下面这样的。第一次把两颗钻石一起称，得出结果 X_1。第二次把钻石甲、乙分别放在天平的左、右盘，再以砝码平衡之，约定砝码在右盘时为正，在左盘时为负，将其结果记为 X_2，X_2 表示甲的重量减去乙的重量。图 4.1 是一个示意图，表示甲比乙重的情况。得到数据 X_1、X_2 后，分别以 $Y=(X_1+X_2)/2$ 和 $(X_1-X_2)/2$ 估计钻石甲、乙的重量。

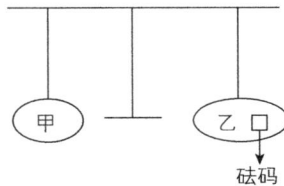

图 4.1　称钻石

为什么这种做法比一个一个称的安排好呢？从平常的眼光看这不好理解，反觉得有些自找麻烦，但从统计分析的角度可以解释，由于不太复杂，不妨仔细地谈一谈。

分别以 a、b 记钻石甲、乙的真实重量。第一次称重时，甲、乙在一起，称的是 $a+b$，结果为 X_1。由于有误差，X_1 并不恰好等于 $a+b$，而还要加上一个随机误差 e_1。

$$X_1=a+b+e_1 \qquad\qquad (\text{a})$$

第二次称，甲在左盘乙在右盘，称的是 $a-b$，结果为 X_2。同样，由于有误差，X_2 并不恰好等于 $a-b$，而还要加上一个误差 e_2。

$$X_2 = a - b + e_2 \qquad\qquad (\text{b})$$

把（a）（b）两式相加，得 $X_1 + X_2 = 2a + e_1 + e_2$，即

$$\frac{X_1 + X_2}{2} = a + \frac{e_1 + e_2}{2}$$

从此式看出，虽然用 $(X_1 + X_2)/2$ 去估计 a 仍有误差，但误差 $(e_1 + e_2)/2$ 是两个误差的算术平均。在前几章中我们多次指出，平均的结果使误差方差下降而改善了精度。对 b 的估计有同样的结论。所以，在这个新的安排之下，我们并未增加称量次数（一共两次，与一个一个称且各称一次的次数相同），但改善了估计的精度。如果用逐个称的方法，要达到同样的（改善了的）精度，需要每一颗各称两次，一共 4 次。这样，通过上述聪明的安排，在不增加称量次数的条件下，把事情做得更好了。

另一个极端是，每次都把甲、乙放在一起称。如果这样安排，不论你称多少次，都只能得出甲、乙重量之和的估计，而无法将其分开。我们的目的（称出每颗钻石之重）无法达成，因而这是一个不好的安排。

有读者也许会说："这个问题可笑，谁也不会做这样愚蠢的安排。"确实，在这种简单问题的情况下是如此。但是，在一个复杂的问题中，由于考虑不周到而犯下这样的错误，就不仅可能，且有

时为了避免这种错误还要大费周折。

举一个简单的例子。治疗某种疾病有现行的方法 A。有人提出了一种认为可提高疗效的新方法 B。为进行验证，各取患者若干人做试验，结果表明 B 的治愈率高。但仔细一检查，发现用疗法 B 的患者多数年轻而病情轻，用疗法 A 的患者则反是。这样一来，试验结果的解释就不一定是 B 优于 A，而可能是由于其他原因——使用疗法 B 的患者素质较好。这实际上与上述称重量的问题无异：我们"称"出的不是疗效，而是"疗效 + 素质"。

把以上讲的小结一下，我们说，干扰一个试验结果的有：（1）混入的系统性因素；（2）随机性的误差。前者是指那种显著的、可以造成重大错误的因素，例如病人的情况不同可能对疗效的估计产生重大错误。又如要通过试验去验证，一种工业产品的新配方（或新工艺）是否真能改善产品的性能。但新旧两种配方的试验分在两个工厂做，而这两个厂的设备条件和工人素质都有差异，后者作为系统性因素混入试验结果，使我们无法得出可信的结论。避免这种情况的方法有二：一是设法消除，如在前一例中，可选择年龄和病情大致相当的患者去做临床试验；二是将其计入，但采取适当的试验安排，以使之能与我们关注的效应分离开。如在后一例中，可以

156

把两种配方都在两个工厂中生产，使工厂条件上的差别在数据分析中互相抵消，而不与配方优良性的效应相混淆。

随机性因素的影响是不可能完全消除的，只能采取一些办法加以抑制，不使之过大以防造成试验结果在解释上的不确定性。例如要准备多份材料做同一个试验，虽然在准备材料时力求其均匀纯净，但总不可能绝对如一。这差异就作为误差进入试验结果，如果它过大，就可能造成下述情况。从试验结果上看甲、乙有一定差异（比如品种甲的亩产比乙高一些），但随机误差很显著，大到可以与这差异相比拟的程度，我们就无法确定：数据上显示出的甲乙差异究竟是因为二者真有差异，还是因为随机误差的干扰。

抑制随机误差的影响一般有 3 种方法。

一是工作认真细致。如准备试验材料时尽量做到均匀纯净，用天平称物时小心操作，避免外界环境和个人因素（注意力不集中等）的干扰。

二是重复。比如天平灵敏度不高，就多称几次求其平均，利用平均值误差下降的原理缩小误差的影响。

三是进行适当的安排。前面所举天平称钻石就是一个例子，在该例中，适当的安排在不增加称量次数的情况下，缩小了随机误差。

　　上面我们多次提到"安排"一词。这是指如何安排试验，使之达到消除系统误差和缩减随机误差的干扰。在统计学中，把这种安排试验的学问叫作"试验设计"，它是统计学的一个重要分支学科。从上面的讨论可以看出，设计（或安排）试验，并不涉及该试验相关的学科专业知识。化学试验如何做，生物试验如何做，这是化学家、生物学家的事，统计学家所做的，只是帮助他们从数学的角度设计一种有效的安排，它只涉及某些配置问题（或者说组合问题），而不去干预其具体操作。如在天平称钻石的试验中，统计学家建议那样一种称法（先两个一起称，再一边一个称），至于如何去调整、操作天平，那要由懂行的人去做，不在统计学家职责的范围内。

4.2　双盲试验

　　试验的对象有人、物之分。如临床医疗试验以人为对象，工农业试验以物为对象。当试验对象为物时结果有一种客观的测定方法，例如天平称物的读数如何，工业产品某项性能测定值如何，农业试验中某品种亩产如何。当然，测定中可能因为方法错误、仪器有问题或人在工作上的马虎而造成重大误差的，这里不计这些情况。当试验对象为人时则不然，即使一些用仪器测定的指标，如人的血压，也可能因为心理因素而产生很大的误差，至于一些没有定量考据的指标，问题就更大了。比如问一个病人吃了药以后病情是否感觉有了缓解，因人的心理状态不同回答可能有差异。经验表明，笃信神佛的人，在为其病求神拜佛后，常觉得病情有所缓解。这是因为他相信神佛在帮助他，有了心理支撑，感觉上便不一样。如以此作为统计分析的依据，就会导致错误的结论。有人做过这样的试验，当头痛发作时给患者一种安慰剂，竟有 1/3 的人表示有了缓解，这也是心理因素的作用。由于这个原因，在评估一种药物或治疗方法的效果时，需要慎重对待，历史上有过一些事例，证明在对这一点考虑不周时，就可能导致失误。

1958 年有一位美国医生提出一种治疗胃溃疡的新方法，可称之为"冷冻法"。该方法先把患者麻醉，再将一个容器置入患者胃内，泵入冷冻剂，使胃冷冻一段时间。在这段时间内，患者的胃完全停止工作，因而使溃疡得以康复。在其后的几年，该疗法曾颇为流行。但有一些医生对之持怀疑态度，原因就在于可能存在的心理作用问题。到 1963 年，有人设计了一个经周密考虑的试验，以对这个方法的疗效进行评估。这试验涉及 160 名胃溃疡患者，把他们分成甲、乙两组，甲组 82 人，乙组 78 人。对甲组患者施行上述冷冻疗法，而对乙组患者的操作在表面上与甲组无异，但在容器中有一个通路使冷冻剂返回，不使胃发生冷冻，而患者则以为自己接受了冷冻治疗。在试验后的两年内，让一批未曾参与这个试验的医生（他们以为这 160 名患者全都接受了冷冻治疗）检查这 160 名患者的情况，结果如下。在最初 6 周内，两组中都有 29% 的人表示症状消失，在甲组中有 47% 的人表示有缓解，而乙组为 39%。但随着时间的推移，两组中的许多病人都有复发且感觉情况变差：甲组为 45%，乙组为 39%。且在这两年中任何一个时期，都没有发现两组患者的治愈率有显著差异。这就令人信服地证明了：冷冻对治疗胃溃疡无效，初期在表面上显露的效果，系出于患者的心理作用——因有人在为自己治病而感到病有缓解。

在弗里德曼等所著的《统计学》一书中，介绍了另外一些关于医疗试验的例子，都是由于试验者在试验安排上的偏向（以使试验者希望的那种效应能显示出来），或者由于受试验的患者的心理作用，而呈现了虚假的效应。在认真地设计试验以排除可能干扰的情况下，这种虚假的效应即告消失。

这种试验是按照所谓"双盲原则"进行的。比如某厂试制了一种药物，要通过临床试验鉴定其疗效如何。首先，要预备一种表面上看与药物完全一样，但不含任何治疗成分的安慰剂。其次，要设对照组，即准备服用安慰剂的一组病人。受试的病人编入治疗组或对照组应按随机的方式决定，以免由于偏向而将条件好的病人多分入某一组。再次，参加试验的病人并不知道他分在哪一组，给药的医生以及评估疗效的医生也不知道谁分在哪一组，以及谁吃了药还是安慰剂，这些都由试验主持者掌握。这样，无论是病人自己还是参加试验的医生，都处在盲目的状态中，不致因心理作用或态度上的偏向而干扰试验结果。"双盲原则"（或双盲法）名称的由来，就是因为在这种试验中，受试者（病人）与试验者（医生）都是处在盲目的状态。自然，这种原则也可适用于其他以人为试验对象的场合。例如，比较两种教学方法的效果如何。

在医学临床试验中还要注意这样一个问题：在某些情况下，参加试验可能要冒一定的风险。因此，受试者属于志愿参加的性质。这种志愿参加者和不愿参加者构成不同的群体，其差异有可能影响试验结果。因此，不能简单地把志愿参加者列入受试组而把拒绝参加者列入对照组。前引的弗里德曼的著作中介绍了一个有关的例子。该例是 1954 年美国公共卫生署所做的一次试验，以判断一种预防小儿麻痹症的疫苗是否确有效果。试验主办方起初打算在一批学区的小学一、二、三年级的儿童中进行这一试验，把一、三年级的学生作为对照组，二年级的学生作为受试组。经过考虑，为防止产生偏差，决定受试组和对照组全在二年级的学生中选择。因为儿童参加试验须经家长同意，看来一个自然的做法是：凡家长同意者进入试验组，不同意者进入对照组。但经过考虑认为这样做有偏差，原因在于：同意其孩子参加试验的家庭，更多是属于文化程度和经济收入都较高的阶层，这种家庭的儿童对小儿麻痹症的抵抗力较差。因为，那些生活在较差的卫生环境中的儿童，大多经受过这种病菌的轻微的感染而产生了自身的抗体，而这可以抵抗以后遇上的更强的感染——俗话说"不干不净，吃了没病"。这话从字面上去理解当然是不对的，但受到上面讲到的情况的启示，从辩证的观点看也不能说没有其合理的成分。

经过这些考虑，试验主办方最后决定：受试组和对照组都在二年级中那些其家长同意参加试验的学生中，用随机的方法进行挑选。这个安排最大限度地排除了可能有的系统性因素的干扰，因而使试验结果有更大的可信度。

　　不少人都有这样的经验：日常在广告中不时见到介绍某种药物、治疗仪或治疗方法，其疗效是如何地高，等到自己一用，发现其效果并不如所宣传的那么理想。这里面固然有一个个体差异的因素，但更多的恐怕是由于所宣传的这种疗效并非经过像双盲法这样认真的试验得出的。统计学给我们的启示是：在评估一个由试验结果得出的结论的可信性时，不仅要看其分析方法是否合理，尤其要看他的数据来源，其所用试验的设计是否排除了可能存在的系统性因素的干扰。一般的模式，如我们在前面所提及的，当一个现象，一个结论，有甲、乙、丙等理由加以解释时，如不能排除乙、丙等方面的可能性，就不能把甲这个解释确立起来。

4.3　单因素试验

　　试验有一定的目标。例如，一个农业试验的目标，可以是为了比较 3 个小麦品种的优劣。这包括判定这 3 个品种在产量上有无显著性差异，估计每一个品种的亩产如何，挑选出一个认为最好的品种，等等。在统计学上，"显著性"是一个常被提到的词。这个词在平常的使用中意义是清楚的，但在统计学上有其特定的含义，值得解释一下。比如，两个种子品种 A、B 通过田间试验进行比较，从数据表面上显示似乎是 A 优于 B，但这个表面上的优越性也有可能是出自于随机误差的影响，而非真由于 A 比 B 优。如果经过统计分析（这种分析的一个重要内容就是，对随机误差影响的大小给予数量上的评估），证明在一定的可信度（90%，95%，99% 等）之下，A 对 B 的优势不能单纯用随机误差的作用去解释，就称 A、B 有显著性差异。这里的要点是，虽然差异的显著性与其大小有关，但并不全系于其大小，而要看其与随机性影响大小的比较如何。当随机性影响很小时，一个表面上很小的差距也可能被鉴定为有统计显著性（尽管这种差异从实用的观点看并不重要）。反之，当随机性影响很大时，表面看来很大的差距在统计上也不能被承认为有显著性。所以在做试验时应力求缩小随机误差的影响，不然，我们所希望发现的差异将被淹没在这种误差中，而不能充分显示出来。

回到最初的话题。3 个小麦品种是我们要比较的对象。我们把"品种"称为问题中的一个"因素"或"因子"，本试验要比较的对象只有品种一个因素，在统计学上称为"单因素试验"，如果试验的目的还包括比较几种肥料的优劣，则是一个二因素试验，以此类推，这一节只谈单因素试验的设计问题。

在本试验中涉及 3 个种子品种，每个品种都称为"品种"这个因素的一个水平，故总共有 3 个水平。"水平"这个字眼在此并无通常意义下的"水平高低"的意思。又如在一项工艺试验中要比较几种反应温度何者为好，则每一个在试验中采用的反应温度，都是"反应温度"这个因素的一个水平。在此例中，习惯上称高温度为高水平，低温度为低水平，但高低的称呼纯出于数量大小，并无优劣的含义。

设计试验的下一步骤，是要确定每个水平的"重复度"。通俗一点儿说，就是准备拿每个水平做多少次试验。如在上述比较种子品种的试验中，假如确定 3 个水平的重复度都是 6，则要准备 18 块大小和形状（尽可能）一样的试验田，每个种子品种分得 6 块。通常的做法是只取 3 块试验地，3 个品种各得一块，这样做的缺点是无法估量随机误差的大小。因为，如果同一个品种分开种在两小块地上，则其产量的差异是由随机原因造成的，故可用于估计随机误差，若有更多的小块种植同一品种，误差将得到更好的估计，这就是需要重复的原因。实际上，这与在天平上称物时，为估计天平的误差须重复称若干次，是一样的道理。

各水平的重复度通常取成一样的，理由很简单：在做试验前，我们并不知道各水平的优劣如何，因此对它们应是一视同仁。另外，当各水平有同一重复度时，统计分析在计算上也略为简单。在有些场合下重复度也可以有差别，例如试验材料的限制，也可能在事先我们对某一水平有特殊的期望，因而增大其重复度，以便对其效应有更确切的估计。

下面我们讨论几种试验设计方法。

1. 完全随机化设计　假如我们已确定，3 个种子品种各重复 6 次，并已准备好了 18 块大小和形状尽可能一样的试验田，接着的问题是如何把这 18 块地分给 3 个品种。之所以存在一个分配的问题，是因为虽然在准备这些地块时已尽量使其条件一致，但实际上不可能做到绝对一致，总会有些差别。因此，如果分配不公，使某一品种所占地块条件特优，则会导致系统性的偏差。

一种看似公平的分配方法，是全凭机会。将地块按 1 到 18 编号，准备 18 张纸条，分别书写数字 1 到 18，扰乱后放入一盒中。先在盒中抽出 6 张，与其上数字对应的那 6 块地给予品种 1，再在剩下的 12 张纸条中抽出 6 张，与其上数字对应的那 6 块地给予品种2，剩余的6块地就给品种3。不论有多少水平，各水平的重复度是多少，做法都一样。

2. 随机区组设计 上述设计称为"完全随机化设计"，是因为随机化的分配是在全部试验材料（即18地块）中无限制地进行，这类似于抽样调查中的完全随机化抽样方案。这种做法的一个重要条件是，必须有足够数量的、条件尽可能均匀一致的试验材料。读者可能会问："既然实行分配随机化就是为了对付试验材料之间可能的不均匀情况，为何还要强调要使试验材料尽可能均匀一致？"问题在于，随机化的分配方法是一个"起点公平"的分配方法，它只保证在分配之前没有倾向性。但实行随机化的结果，总要落实到一个具体分配方案上。由于偶然性的作用，"结果不公"的情况是可能的。如果各份试验材料之间条件差异甚大，则偶尔会出现结果非常不公的情形，而使统计分析的结果得出错误的结论。

但在一个包含较多水平，各水平的重复度也较大的大型试验中，要准备很多份条件均匀的试验材料可能有困难，在这种情况下就要采取有限制的随机化设计方案，在统计学中称为"区组设计"。

3. 区组设计 还是拿上面那个3品种各重复6次的试验来做说明。假如这个试验是在一个山区进行，要找出18块条件均匀的地有困难，这时可采用如下的做法。挑选 6 个村子，在每个村子内，挑选 3 块形状和大小条件尽可能一致的地块，这比较容易办到。每村内的 3 个地块中，3 个品种各分得其一。具体分配（在每村内）按随机化的方式进行。以下是一种可能的分配结果。

1	3	2		1	2	3		3	1	2
①				②				③		

2	1	3		3	2	1		2	3	1
④				⑤				⑥		

其中①，②，…，⑥表示 6 个村子的编号，框内的数字显示各品种所占的地块。

这种做法的用意是明显的。让每个品种在各村子里占一地块，是一个限制随机化作用的措施。如果不加限制地在 6 个村子的 18 块地块中施行随机化，则有可能某个品种所分得的地块全集中在一个（或少数）村子内，而这个（或这些）村子可能是 6 个村子中条件最好（或最差）者，这就会造成大的误差。按现在的方案，即使各村子之间在条件上有较大差距，也没有关系，因为各品种在各村都占有且只占有一个地块，这与分层抽样方案中限制样本在各层的比例，是一样的道理。因为个体指标在各层之间差距大，而在层内则

168

差距较小，每一个层相当于这里的一个村子。

在统计学上，把同一村子内的那 3 个地块称为构成一个"区组"，区组内的每一小块地则称为一个"小区"。区组内所含小区数，在此例为 3，称为"区组大小"。本例共有 6 个区组，区组数就是各水平（品种）的重复度。因此，在这种设计中，各水平的重复度必须一致，这是与完全随机化设计的另一点不同之处。在后者，各水平的重复度可以不同。

这种设计称为"完全区组设计"。"完全"的意思，是每一区组内必须包含全部水平。如在本例中，每村必须有 3 块地，若只取 2 块地，则一村内不能包含参加试验的全部 3 个品种，就不是完全区组设计了。总之，区组大小必须等于水平数：若参加试验的有 4 个品种，则每村必须选 4 块地。另外，在每一区组内的小区分配给各水平，是按随机化的方法，且各区组独立地施行随机化，彼此不相干。为显示这一点，也常把这一设计称为"随机化完全区组设计"。当然，在此随机化限定在每区组之内。

这种设计思想的应用不限于农业的田间试验。例如，可以把本例中的 3 个种子品种替换为某产品的 3 个不同的配方，试验的目的是比较这些配方的优劣。如打算每个配方生产出 6 件产品供比较，则需准备 18 份原材料。若在此试验中要采用完全随机化设计，则这 18 份材料必须足够均匀，而这在实际工作中可能有困难，这时可把材料分成 6 批，每批 3 份（例如，同一来源的材料较均匀，可作为一批），这每批 3 份就构成一个区组，批中的每一份是一个小区。区组、小区这些名称是从田间试验而来，在其他情况属借用性质，但意义是一致的。

完全区组设计是在实用上广为使用的一种设计。有时可能碰到这种情况：区组太小，容纳不下全部水平。例如，若在上例中参加试验的品种有 7 个，而每一个村子只能准备 4 块条件比较一致的地块，这时该怎么办？当然，完全区组设计在此已不适用，但我们可以设法使地块在分配上尽量平衡些，不使某一品种占有更多的优势或劣势，看下面这个设计。

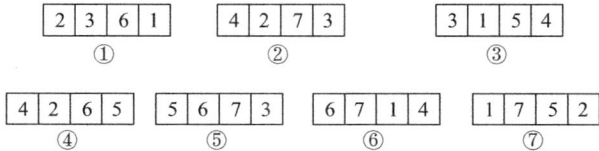

| 2 | 3 | 6 | 1 |　| 4 | 2 | 7 | 3 |　| 3 | 1 | 5 | 4 |
| ① |　| ② |　| ③ |

| 4 | 2 | 6 | 5 |　| 5 | 6 | 7 | 3 |　| 6 | 7 | 1 | 4 |　| 1 | 7 | 5 | 2 |
| ④ |　| ⑤ |　| ⑥ |　| ⑦ |

这个设计的试验田分布在 7 个村子，每个村子 4 块地。地块分配于 7 个品种的方式，如表中的数字所显示。例如，第一村子中的

4块地分配给品种 1、2、3 和 6，具体分配可由随机化决定。

这个设计有何特点呢？可以注意到以下几点。

1）各区组的大小（包含的小区数）一样，在本例中为 4。

2）各水平（即品种）重复数相同，在此例中为 4。比如说，品种 1 在区组 1、3、6 和 7 中出现，等等。

3）各水平在每区组内至多只能占一个小区。

4）任意一对水平在同一区组内出现的次数相同。例如，水平 1 和 2 同时在区组 1、7 中出现，共 2 次；水平 3 和 5 同时在区组 3、5 中出现，也是 2 次，其他任一对水平也是如此。

性质 2 和 4 体现了一种平衡性，其中性质 4 尤为重要，因为它体现了各水平在比较时的一种对等性。例如水平 1 和 2，可以在区组 1 内比较，也可以在区组 7 内比较，有 2 次机会。其他任一对水平的比较也如此。由于这个原因，统计学上把具有以上 4 个性质的设计称为"平衡不完全区组设计"。"不完全"表示每区组不能容纳全部水平，而"平衡"则指设计满足性质 2 和 4。当然，性质 1 和 3 也有平衡的含义。

在本例中还有两个特点：一是水平数等于区组数，同为 7；一是区组大小与各水平的重复度一致，同为 4。但这只是本例的特殊情况，而非对这个设计的要求，可以举出不具备这两个特性的例子。

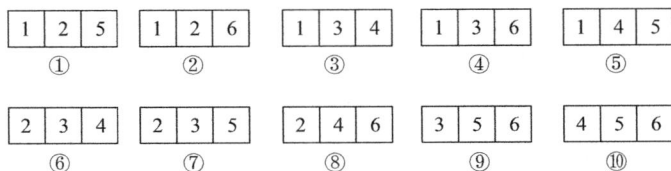

| 1 | 2 | 5 |
①

| 1 | 2 | 6 |
②

| 1 | 3 | 4 |
③

| 1 | 3 | 6 |
④

| 1 | 4 | 5 |
⑤

| 2 | 3 | 4 |
⑥

| 2 | 3 | 5 |
⑦

| 2 | 4 | 6 |
⑧

| 3 | 5 | 6 |
⑨

| 4 | 5 | 6 |
⑩

读者不难验证，对此设计，前面列举的 4 个条件全满足，故为一个平衡不完全区组设计。但此例中区组数为 10，水平数为 6，二者不同。又区组大小为 3 而各水平的重复度为 5，也不相同。

刻画一个平衡不完全区组设计的量，有以下这些。

v：水平个数

k：区组大小

r：各水平出现次数

b：区组数

λ：每一对水平同时出现次数

在我们已提及的两例中，情况如下。

第 1 例：$v=7$，$k=4$，$r=4$，$b=7$，$\lambda=2$。

172

第 2 例：$v=6$，$k=3$，$r=5$，$b=10$，$\lambda=2$。

这 5 个数 v，k，r，b 和 λ 称为设计的参数。有两个问题：

1）指定一组参数值后，是否存在一个平衡不完全区组设计，具有这些指定的参数值？

2）如何具体构造出这种设计？

关于第一个问题，回答是：参数必须满足一些条件才有可能。现已知的条件有 3 个。

$$bk=vr \qquad (1)$$

$$r(k-1)=\lambda(v-1) \qquad (2)$$

$$b \geqslant v \qquad (3)$$

第一个条件的理由明显：b 是区组数，k 是每区组内的小区数，故整个试验共有 bk 个小区。另一方面，共有 v 个水平，而每一水平占 r 个小区，故一共应有 vr 个小区。两种算法应当一致，由此得出公式（1），公式（2）证明也不难。至于公式（3），是试验设计理论的奠基者费歇尔发现的，证明比较难。

这些条件（1）～（3）只是设计存在所必需的条件，在数学上称为"必要条件"。"必要"的意思是必不可少，即如果条件（1）～（3）不同时满足，则设计一定不存在。但它们还不是"充分

条件"，意思是，即使条件（1）～（3）都满足了，也不能保证设计必存在。例如，数学家已证明，下面这一组参数

$$b=v=43, \ k=r=7, \ \lambda=1$$

满足条件（1）～（3），但具有所示参数值的平衡不完全区组设计不存在。关于在什么条件下能保证设计存在的问题，至今仍未解决。至于第 2 个问题，困难程度也很大，现今数学家已得出一些成果，这些都太专门，不宜在此深入讨论。

有一个趣味数学问题，与我们这里讨论的平衡不完全区组设计有关，这就是所谓柯克曼的 15 女生问题。某班有女生 15 人，从周日到周六，每晚按 3 人一组分 5 组出外散步，每晚的编组不同。要求这样一个编组的方法，使任意 2 个女生在一周内都有一次机会在一起散步（即被编入同一组内）。

我们容易看出，在这个安排下，任一对女生也只能有一次机会在一起。这是因为每一女生在一周内须与另外 14 位女生中的每一位结伴散步，而每次她只能与另外 2 个女生在一起。故一周七天内，她每天必须与不同的人在一起散步，因此她只有一次机会与任一指定的女生在一起。这样一来，这相当于构造一个平衡不完全区组设计，其参数为

174

因子水平数 $v=15$（15 个女生）

区组大小 $k=3$（每次 3 人结伴）

各水平出现次数 $r=7$（每个女生出现 7 次，每晚 1 次）

区组数 $b=35$（每晚 5 个组，共 7 天，共 35 组）

两水平同时出现数 $\lambda=1$（每对女生只有一晚在一起）另外还要附加一个条件：每晚将 15 个女生编为 5 组。这 5 组中的女生，即班上的全部女生 15 人。因此，所构造的 35 区组还必须能分成 7 群，每群 5 个区组，使每群的 5 区组恰好包含全部 15 个水平。这样的分组法确实存在，下面是一例。

$(1, 2, 3)$, $(4, 8, 12)$, $(5, 10, 15)$, $(6, 11, 13)$, $(7, 9, 14)$

$(1, 4, 5)$, $(2, 8, 10)$, $(3, 13, 14)$, $(6, 9, 15)$, $(7, 11, 12)$

$(1, 6, 7)$, $(2, 9, 11)$, $(3, 12, 15)$, $(4, 10, 14)$, $(5, 8, 13)$

$(1, 8, 9)$, $(2, 13, 15)$, $(3, 4, 7)$, $(5, 11, 14)$, $(6, 10, 12)$

$(1, 10, 11)$, $(2, 12, 14)$, $(3, 5, 6)$, $(4, 9, 13)$, $(7, 8, 15)$

$(1, 12, 13)$, $(2, 5, 7)$, $(3, 9, 10)$, $(4, 11, 15)$, $(6, 8, 14)$

$(1, 14, 15)$, $(2, 4, 6)$, $(3, 8, 11)$, $(5, 9, 12)$, $(7, 10, 13)$

7 行的每一行，表示一晚的分组法。

平衡不完全区组设计，在实际中用得远不如完全区组设计多。这主要因为这种设计不易构造。即使存在，它对各水平的重复度也有限制，不能像完全区组设计那样可以自由选择。我们讲这个题目，一则是显示在安排试验设计中也会涉及很深刻的数学问题，同时也明显地突出了这一点：统计学上所谈的试验设计，只是涉及在宏观安排上的数学方面的问题，而不去干预设计的学科内容。

4. 拉丁方设计 先讲讲什么是拉丁方，再说明它如何用于试验的设计。

假定给了 9 个数字：3 个 1，3 个 2，3 个 3。要把它们排成一个方阵，使每行每列（数学上习惯于把横的叫行，竖的叫列，这与日常用法不同）都恰含数字 1、2、3 各一个。我们容易验证，以下的排列满足这个要求

$$
\begin{matrix}
1 & 2 & 3 \\
2 & 3 & 1 \\
3 & 1 & 2
\end{matrix}
\tag{4}
$$

这称为一个 3 阶拉丁方。类似地定义 4、5……阶的拉丁方。

例如，5 阶拉丁方是一个方阵，其每行每列都包含数字 1、2、3、4、5 各一个。

注意这个 3 阶拉丁方的构造。其第 1 行按自然顺序。第 2 行自 2 开始，按自然顺序往下排，但规定 1 紧接 3。第 3 行则自 3 始，按自然顺序往下排（仍是 1 接 3）。这个办法可用于构造任意阶的拉丁方。例如对 4 阶，用这个方法得拉丁方

$$
\begin{array}{cccc}
1 & 2 & 3 & 4 \\
2 & 3 & 4 & 1 \\
3 & 4 & 1 & 2 \\
4 & 3 & 2 & 1
\end{array}
\tag{5}
$$

一个拉丁方，任意交换其两行或两列，仍不失为拉丁方。例如，由 3 阶拉丁方（4）出发，经过交换行、列，一共可得 12 个不同的拉丁方。

123	132	213	231	312	321
231	213	321	312	123	132
312	321	132	123	231	213
①	②	③	④	⑤	⑥

123	132	213	231	312	321
312	321	132	123	231	213
231	213	321	312	123	132
⑦	⑧	⑨	⑩	⑪	⑫

　　读者不难验证，除了这 12 个以外，再也找不出另外的 3 阶拉丁方。这 12 个拉丁方中，第 1 个拉丁方处在特殊地位，在于它的第 1 行和第 1 列都按 1, 2, 3 的自然顺序排列，且其余的 11 个拉丁方都可以从这一个拉丁方出发，通过交换行、列得到。例如，要得到编号⑪的那一个，可以先交换①的 2、3 行，得⑦，再交换⑦的 2、3 列，得⑧，然后交换⑧的 1、2 列，即得⑪。我们把编号①的那一个拉丁方，称为"标准 3 阶拉丁方"。"标准"的意思是，其第 1 行和第 1 列数字呈自然顺序。

　　4 阶的情况就复杂些。标准 4 阶拉丁方不止一个，而是有 4 个。

$$
\begin{array}{cccc}
1\ 2\ 3\ 4 & 1\ 2\ 3\ 4 & 1\ 2\ 3\ 4 & 1\ 2\ 3\ 4 \\
2\ 1\ 4\ 3 & 2\ 3\ 4\ 1 & 2\ 4\ 1\ 3 & 2\ 1\ 4\ 3 \\
3\ 4\ 2\ 1 & 3\ 4\ 1\ 2 & 3\ 1\ 4\ 2 & 3\ 4\ 1\ 2 \\
4\ 3\ 1\ 2 & 4\ 1\ 2\ 3 & 4\ 3\ 2\ 1 & 4\ 3\ 2\ 1
\end{array}
\tag{6}
$$

　　它们的第 1 行、第 1 列都呈自然顺序 1, 2, 3, 4，这决定了通过交换行、列不能从一个得到另一个。从每个标准 4 阶拉丁方出发交换其行列，都可得到 144 个不同的拉丁方。因此，不同的 4 阶拉丁方一共有

$$4 \times 144 = 576 \text{ 个}$$

随着阶数的增加，不同拉丁方的个数增加得很快。对 8 阶及以上的情况，至今还未弄清楚不同的拉丁方有多少。

介绍了拉丁方的基本知识，我们来说明它如何用于试验的设计。假定有 3 个种子品种要比较，而试验田为一个长方形，将其等分成 9 块，如图 4.2 所示。

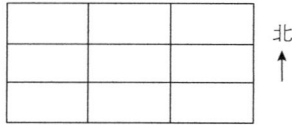

图 4.2　等分 9 块的长方形试验田

假定这块地沿东西向和沿南北向的条件都有变化。例如说，愈往东愈好，愈往北愈好，则在把这 9 小块地分给 3 个品种时（每品种 3 块），要力求做到公平，不使某一品种在条件上占到便宜。实现这个想法的途径是使用一个 3 阶拉丁方，它可以从前面列出的 12 个 3 阶拉丁方中随机挑选，每一个有 1/12 的机会被挑出。设挑中了编号为⑨的那一个，则设计的安排如图 4.3 所示。

2	1	3
1	3	2
3	2	1

北 ↑

图 4.3　按 3 阶拉丁方⑨分配 3 个品种

在这个安排下，每个品种在东西方向的 3 块中各占一块，南北方向的 3 块中也各占一块。这样，即使地块条件沿这些方向有变化，也不致使哪一个品种占到便宜。

如果是 4 个品种，则要用 4 阶拉丁方。为在选择上体现随机化，可先在（6）中的 4 个标准 4 阶拉丁方随机地挑选一个，再随机地交换其行列，对更高阶的情况也类似。

这样的试验安排叫作拉丁方设计。它有这样一个特点：各水平的重复度必须与水平数目一样，这限制了它的应用范围。

4.4　多因素试验

多因素试验是指在同一试验中，影响目标值的因素有 2 个或 2 个以上，且这些因素的作用都在试验考察的范围内。例如在一个农业试验中，我们同时要考察种子品种和肥料施放量这两个因素对亩产量（目标值）的作用。在食品生产中可加入 2 种或更多的添加剂，其用量是考察的对象。在工业试验中同时考察温度、压力、反应时间等因素对产品质量的影响。有时，我们关注的是一个因素，但由于我们希望关于这个因素的结论能建立在更宽广的基础上，以及其他种种可能的原因，在试验的安排上还得有其他因素的参与。例如在一个农业试验中，我们关心的可能只在于比较几个种子品种，因此可以作为一个单因素试验去安排。但如果这样做，就必须在试验中把其他因素固定，例如说播种量、用什么肥料、用多少，都得固定下来，对各品种一视同仁。不然的话，这些因素的作用就会与我们关心的对象——种子品种的作用混杂起来，而达不到试验的目的。但如把这些因素都固定起来，我们试验的基础就太窄了。比如说，我们把播种量等因素都固定在某个值去做试验，经过对数据的分析，证明品种 A 在几个品种中最好。但这个结论在其他情况（即把播种量等因素固定在另外的值）下是否仍成立呢？不知道。因此，可以而且应当考虑把播种量等因素纳入试验的安排之中。这样不仅使我们主要关心的因素——品种的结论建立在更宽广的基础上，而且也可以附带考察其他因素（播种量等）的作用，以及所有参与试验的各因素之间的联系作用，这种作用在统计学上称为"交互作用"或"交互效应"。例如，某一品种要求的施肥量较大而另一品种则要求小一些。一般，两个因素之间的交互作用，是指其中一个因素发挥的作用大小，受到另一个因素的影响和制约。在日常生活中这种例子也很常见。例如，菠菜和豆腐分开吃营养价值都高，但煮在一起则不利。只考虑一个因素的试验对这种交互作用无法进行考虑。另外，多因素试验还有节省试验次数的作用，下面会解释这一点。

多因素试验又称复合试验，它是现代统计学的主要奠基者费歇尔（他的名字在前面多次提及）在 20 世纪 20 年代提出的。在他以前，农业田间试验中风行的是单因素试验，即使有几个因素需要考虑，也是分开一个一个做。费歇尔对这种做法进行了批评而倡导使用复合试验。1926 年他说了一段话，集中表现了他的思想：

"有一种观点在田间试验中反复流传。这种观点认为，我们每次向大自然探问的问题数目愈少愈好，理想的就是每次只问一个问题。作者（费歇尔自称）确信这种观点完全错误。我认为，大自然只会对那种经过深思熟虑且合乎逻辑的问题做出反应。如果我们只问她（指大自然）单一的问题，她会拒绝做出回答……"（括号内的话是译者添加的)。

当时费歇尔正在英国的一个农业试验站任职,在那里他领导了一些复合田间试验的工作。后来,这种设计思想被引进到工业界及其他领域,并在方法上有许多重要的发展。

为了说明复合试验的好处,下面考察一个最简单的例子。设有两个种子品种 A 和 B,两个播种量 a 和 b,按复合试验,有下面 4 个组合要做试验。

$$Aa, Ab, Ba, Bb \qquad\qquad (7)$$

例如,Ab 是指用品种 A,播种量 b。每一个可能的组合,例如 Ab,称为一个"处理"。本试验共有 2 个因素,每个因素各有 2 个水平,处理总数是所有可能的组合数,即

处理总数 = 各因素的水平数的乘积,

在本例中为 $2 \times 2 = 4$。经过种植试验,得 (7) 中 4 个处理的亩产量,依次记为 y_1, y_2, y_3, y_4。利用这些数据可以进行以下一些分析比较。

1. 比较品种 A、B 的优劣。这可以用 A、B 的平均数之差 $(y_1+y_2)/2 - (y_3+y_4)/2$,它之所以可用,是因为在和 y_1+y_2 中,a、b 各出现一次,和 y_3+y_4 中也一样。所以,不论是 A 还是 B,都不会因为播种量这个因素而取得优势或处在不利的地位。

2. 比较播种量 a、b 的优劣。可以用 a、b 的平均数之差 $(y_1+y_3)/2-(y_2+y_4)/2$。此量不受另一因素——品种的影响，道理与上述相同。

3. 考察品种与播种量这两个因素之间有无交互效应。先看在播种量 a 之下，品种 A、B 产量的差异

$$d_1=y_1-y_3,$$

再看在播种量 b 之下，品种 A、B 产量的差异

$$d_2=y_2-y_4。$$

若 d_1，d_2 接近，则表明 A、B 之间的差异，或者说 A、B 谁优谁劣，不受播种量的影响，这时交互效应不存在或不显著。反之，若 d_1，d_2 有较大的差距，则表明 A、B 之间的对比情况，受到播种量的显著影响。这不仅是数量上的，还可以是方向上的，例如 $d_1>0$ 而 $d_2<0$，表示使用播种量 a 时，A 优于 B，而在使用播种量 b 时则 B 优于 A。这时，品种与播种量的交互效应显著，使用平均数之差 $(y_1+y_2)/2-(y_3+y_4)/2$ 来比较 A、B 就不那么有说服力。

4. 选优。试验的目的可能是要在（7）中的 4 个条件中选择一个最优者，以备用于生产实际。为此可在 y_1, y_2, y_3, y_4 中挑一个最大者，例如为 y_3，则选择 Ba 这个组合。

由此看出，在复合试验的安排下，虽只做了不多的 4 次试验，

已能使我们从中分析出许多情况①。假如采用一个一个做的方法，例如固定播种量为 a 而比较品种 A、B，并使每个平均值至少由 2 个数据算出（如前面的 $(y_1+y_2)/2-(y_3+y_4)/2$），则也得做 4 次试验。而这样做的 4 次试验所能给我们的东西，比前述复合试验要少：它不能对播种量这个因素的作用，以及两个因素之间是否有交互效应，做出任何判断。

复合试验在理念上看相当简单，但直到 1926 年才由费歇尔发明，且在开始时还受到不少质疑。这种现象现在看来似乎有点儿难以理解。其实在科学史（包括数学史）上，这种情况不少：一个新思想在提出之前，很久无人想到；一旦有人提出，人们又觉得很简单甚至理所当然。例如，传说中牛顿因见到苹果落地而发现万有引力。在牛顿之前，这一现象被无数人看到过，但无人想到它有何意义，等到牛顿一提出来，大家又觉得理所当然：没有力的牵引苹果何能掉下来？这说明创新思想之不易，而科学贵在创新，创新往往就在人们不注意的地方生出。胡适有一句话：做学问要在不疑处有疑。不过，创新既靠常识的积累，也是一种素质和精神。对科学家

---

① 这里只是从数据的表面看问题，未计及随机误差的影响，严格的统计分析需要考虑到这种影响。为此目的，试验要有重复。如（7）中每个处理重复做 2 次试验，则一共需要做 8 次。如果在事先能排除交互效应存在的可能，则不设重复也可以。

而言，实现创新也无一定之规，有灵感的作用，多少带一些"可遇不可求"的性质。

下面介绍一些多因素试验方法。

部分实施假定有一个试验包含 3 个因素，其水平数依次为 3，5，4，则称之为一个 $3×5×4$ 的试验。它一共包含 $3×5×4=60$ 个处理——前面曾指出：所谓处理，就是各因素的一个水平组合。在设计上和统计分析上讲，各因素有同样数目的水平的情况较为简单。例如 n 个因素各有 2 个水平，简记为 2^n 型试验，是用得最多的。类似有 3^n 型试验、4^n 型试验，等等。

如果一个试验把全部所有可能的处理都做了，则称为"全面实施"。如上面的 $3×5×4$ 试验，做全面实施，有 60 个处理要做。一个 2^6 型的试验，全面实施有 64 个处理要做。在不少情况下，做一次试验很昂贵，做全面实施有困难，有时也无此必要，特别是在误差影响不大的情况下。因此产生了"部分实施"的概念，即只在全部处理中挑选其一部分实地做试验，其余的就不做。如挑选全部处理的一半，叫 1/2 实施，类似地有 1/3 实施、1/4 实施，等等。

问题在于这一部分该如何挑，这是复合试验设计的主要问题所在。挑得不好，得出的数据无法用于统计分析。

例如，考虑一个包含 3 个因素的农业试验：种子品种有 2 个，编号为 1、2，肥料有 2 种，播种量有 2 个，也都分别编号为 1、2。这是一个 2^3 试验，全部处理有 8 个。

$$111, 112, 121, 122, 211, 212, 221, 222$$

例如，处理 121 表示用第 1 个品种、第 2 种肥料和第 1 个播种量。假定我们打算做其 1/2 实施，而挑选实际进行试验的 4 个处理为

$$111, 212, 221, 222$$

其试验结果（以每亩产量计）分别为 y_1, y_2, y_3, y_4。

在这个设计下，两个品种的优劣无法比较，因为含品种 1 的试验结果只有一个，而其余 3 个含品种 2 的试验结果 y_2, y_3, y_4 都不能与 y_1 比较。例如，若拿 y_1 与 y_2 做比较得 $y_1 > y_2$，则既可能是品种 1 优于品种 2，也可能是播种量 1 优于播种量 2。如拿 y_1 与 y_3 或与 y_4 比较，也有类似的问题。但若我们改用如下的 1/2 部分实施

$$111, 122, 212, 221$$

则情况改观。仍以 y_1, y_2, y_3, y_4 分别记这 4 个处理的试验结果。为比较品种 1、2，可考察

$$d = (y_1+y_2)/2 - (y_3+y_4)/2$$

不论在 y_1+y_2 还是 y_3+y_4 中，都是两种肥料各出现一次，两种播种量各出现一次。因此，d 这个值中不含因为肥料和播种量的不同而带来的差异，它只反映两个品种之间的差异。若要比较肥料 1、2，可以用差 $(y_1+y_3)/2-(y_2+y_4)/2$；若要比较播种量 1、2，可以用差 $(y_1+y_4)/2-(y_2+y_3)/2$。读者不难验证，它们都消除了被比较因素以外的其他各因素的影响。

问题是怎样去构造具有后一例这种优点的部分实施。

这就是统计学的分支——试验设计所要讨论的重要问题。下面将指出 2 种常用的方法。要指出的是：（1）并非在任何情况下都可以做出这样的部分实施；（2）做部分实施，试验次数是减少了，但并非没有代价。代价之一是因数据少而导致的估计精度的下降。在试验精度很高时这一点问题不大。如试验精度不高（受随机误差影响较大）、试验的费用并不太昂贵且总的试验次数不太大时，就不必使用部分实施。代价之二是，如果参与试验的各因素之间存在交互效应，则在做部分实施时，有些（不一定是全部）交互效应将无法估计。哪些能估计，哪些不能估计，与所选择的具体的部分实施有关。因此，如探讨交互效应是试验的主要目的，则部分实施或者不可行，或者其实施率不能太低。

拉丁方和正交拉丁方 前面在讨论单因素试验时已介绍过拉丁方，现在来讲讲它如何用于复合试验的部分实施。

考虑下面的例子。在一工业试验中涉及 A、B、C 3 个因素，各有 3 个水平。这是一个 3^3 型的试验，做全面试验需做 27 次。如果我们只打算做其 1/3 实施（显然，1/2、1/4……实施都不可能），该怎么办？3 阶拉丁方提供了一个解法。

选择一个 3 阶拉丁方，如：

列

1　2　3

行　3　1　2

2　3　1

把行作为因素 A 的水平，列作为因素 B 的水平，方阵中的数字作为因素 C 的水平，照"行、列、数字"的次序列出方阵中各位置的所属，得：

$$111, 122, 133, 213, 221, 232, 312, 323, 331。 \qquad (8)$$

例如，方阵中第 2 行第 3 列位置上的数字是 2，故有 232，这在上面序列中排在第 6 位。排列的次序是从第一行起由左至右，然后自第 2 行起，等等。

这 9 个处理构成全部试验（需 27 次）的 1/3 实施，但利用其结果，仍能对每一因素的各个水平进行比较。分别以 $y_1, y_2, \cdots, y_9$ 记上述 9 个处理的试验结果。为比较因素 A 的 3 个水平的表现，计算 3 个平均值

$$(y_1+y_2+y_3)/3, \ (y_4+y_5+y_6)/3, \ (y_7+y_8+y_9)/3$$

在这 3 个平均值中，因素 B、C 的 3 个水平各出现 1 次且只出现 1 次，它们的作用相互抵消了，故这 3 个平均值之间的差异，就只与因素 A 的 3 个水平的优劣有关——当然，还有随机误差的影响。若想比较因素 B 的 3 个水平的表现，则用以下 3 个平均值

$$(y_1+y_4+y_7)/3, \ (y_2+y_5+y_8)/3, \ (y_3+y_6+y_9)/3$$

而对因素 C 则用以下 3 个平均值

$$(y_1+y_5+y_9)/3, \ (y_2+y_6+y_7)/3, \ (y_3+y_4+y_8)/3$$

它们都排除了被比较因素外的各因素的影响。所以能做到这一点，是因为有拉丁方的性质：各行各列含数字 1、2、3 各一次。

如果是 3 个因素各有 4 个水平（共 4^3=64 个处理），则用 4 阶拉丁方可以做其 1/4 实施，包含 16 个处理，做法与上述相似。只要是 3 个因素，且各因素的水平同一（同为 n），则可用 n 阶拉丁方做其 $1/n$ 实施。

单个拉丁方只能对付 3 个因素的试验，如果试验中要考虑的因素多于 3 个，该怎么办？这时要运用多于 1 个的拉丁方，且这些拉丁方要满足一定的条件。考虑如下的例子。设试验中有 4 个因素，各有 3 个水平，全面实施要做 $3^4=81$ 次试验。现在想做其 1/9 实施，取两个 3 阶拉丁方

$$
I: \begin{matrix} 1 & 2 & 3 \\ 3 & 1 & 2 \\ 2 & 3 & 1 \end{matrix}
\qquad
II: \begin{matrix} 1 & 3 & 2 \\ 3 & 2 & 1 \\ 2 & 1 & 3 \end{matrix}
$$

它有如下的特点：在一个方中同一数字所占位置处，在另一方中的数字各不同（因而各出现一次）。例如方 I 中 2 所占的位置，在方 II 中分别由 3、1、2 所占据；在方 II 中 3 所占的位置，在方 I 中则分别由 2、3、1 所占据。

两个同阶拉丁方如具有这样的性质，则称为正交拉丁方。利用这两个正交拉丁方，就可以做出所要的 1/9 实施。

1111, 1223, 1332, 2133, 2212, 2321, 3122, 3231, 3313

其方法与做序列（8）一样，只是在（8）的每个处理的第 4 位，添上方 II 中相应行、列处的数字。由于所用的拉丁方有正交性，用上例一样的理由不难验证，由此 9 个处理的试验结果，可以对 4 因素

A、*B*、*C*、*D* 的每一个的各水平做比较。

　　提起正交拉丁方，还有一个数学史上有名的故事。18 世纪有一位可列入有史以来最伟大的数学家之一的欧拉，提出了一个所谓 "36 军官问题"。设有 36 个军官，来自 6 个军，每个军出 6 人。又其中有上校、中校、少校、上尉、中尉、少尉各 6 人，现在要将这36 个军官排成一个 6×6 的方阵，使每行（列）的 6 个人中，来自每个军的各 1 人，且 6 个军衔各有 1 人。

　　很容易看出，这个问题与寻找两个正交的 6 阶拉丁方是一回事。首先，若有了两个正交的 6 阶拉丁方 *A*、*B*。先把 *A* 方中数字1 的那 6 个位置标出来，让来自第一军的那 6 个军官占据。至于这6 个人分在这 6 个位置中的何处，则根据 *B* 方，因为，既然 *A*、*B*正交，则 *A* 方中标 1 的那 6 个位置，在 *B* 方中则 1, 2, …, 6 各有一个。让这 6 个人中的上校站在 *B* 方 1 处的位置，中校站在 *B* 方 2处的位置，等等，直到少尉站在 *B* 方 6 处的位置。对来自第二、第三等各军的 6 个军官，也照此办理（第二军的 6 人占据 *A* 方数字 2的 6 个位置，等等）。不难看出，这个排法符合欧拉问题中的要求。反过来也容易看出：如果欧拉的问题有一种解法，则根据这个解法就可以排出 2 个正交的 6 阶拉丁方。读者可以想想该如何去做。

欧拉毕生解决了许多数学难题，可是对这个"36 军官问题"，虽经过许多努力，却始终没有找到一种解法，于是他开始怀疑这个问题是否有解。但要证明它无解，也非易事。直到 1900 年，才有人证明了欧拉 36 军官问题确实无解，即不存在两个正交的 6 阶拉丁方。

可能是一种巧合，欧拉恰好遇上了 6 这个数，若是 3×3, 4×4, 5×5，或一般 n×n 个军官的问题，只要 n 不是 2 或 6 (n 为 2 时显然无解)，则问题一定有解。就是说，只要 n 不为 2 或 6，必存在两个正交的 n 阶拉丁方，这一点与欧拉当初猜测的不合。他曾猜测：当 n 为所谓"半偶数"——不能被 4 整除的偶数，即 2, 6, 10, 14, 18, …——时，n 阶正交拉丁方不存在。

由于欧拉在数学界的名气，正交拉丁方的问题引起一些数学家的兴趣，得出了不少结论，例如，

1）除 n=2 和 n=6 外，对其他的正整数 n，必存在至少 2 个正交的 n 阶拉丁方。又对任何 n，相互正交的 n 阶拉丁方至多只能有 n-1 个。

2）当 n 为素数的幂，即 n=P^r，P 为素数而 r 为正整数时，必存在 n-1 个相互正交的 n 阶拉丁方（若干个同阶拉丁方称为"相互

正交"，其中任意两个拉丁方都正交）。

所谓素数，指的是那种大于 1 的正整数，它除了 1 和本身外，不能为任何其他正整数所整除。例如，2, 3, 5, 7, 11, 13, 17, 19, 23 等都是素数。6 不是素数，因为它能被 2 和 3 整除。P^r 的意思是 r 个连乘，如 $3^4=3 \cdot 3 \cdot 3 \cdot 3=81$。

作为例子，考虑 $n=4$，它是素数 2 的平方。按上述结论 2），应存在 3 个相互正交的 4 阶拉丁方，数学家确实把它们做出来了，读者不难验证，以下 3 个 4 阶拉丁方

1	2	3	4	1	2	3	4	1	2	3	4
4	3	2	1	3	4	1	2	2	1	4	3
3	4	1	2	2	1	4	3	4	3	2	1
2	1	4	3	4	3	2	1	3	4	1	2

确是两两正交的。

除上述两条以外，对其余的情况知道得还不多。数学家努力的目标是：对任意的正整数 n，搞清楚有多少个相互正交的 n 阶拉丁方，以及如何把它们构造出来。这个问题的难度，比起数学上现存的没有解决的难题，毫不逊色。其最终解决的时间在今天无法预料，不过就统计试验设计上的需要而言，目前的知识已基本够用，

因为在一般情况下，因素的水平数不会超过 10。对不超过 10 的 n，据前面所述结果，2 与 6 已知不行，而对 $n=3, 4, 5, 7, 8, 9$，都有 $n-1$ 个 n 阶正交拉丁方存在。对 $n=10$ 也构造出了正交拉丁方。

正交表 从前面的讨论中我们可以看出一个要点：在复合试验中取部分实施，关键的问题是"保持平衡"。这指的是不让任何一个因素的任何一个水平，因与其他因素结合而得利或受害。拿一个简单的例子看。设一个农业试验包含种子品种和播种量这两个因素，各有 4 个水平。在做全面实施（共 16 次试验）时，每一个种子品种与每一个播种量结合使用一次，故在衡量各种子品种优良性的对比时，不会因为其与播种量的结合而受益或受害。但若用部分实施则不然，由于只做了一部分试验，一个种子品种只与 4 个播种量之一部分结合使用，而各播种量的效益可能不同，因此各种子品种就不能处在平等的地位去比较，这使我们无法得出有根据的结论。

如何在部分实施中保持刚才所解释的意义下的平衡，就是复合试验设计研究的一个重要内容。拉丁方和正交拉丁方是解决这个问题的工具之一，但有其局限性，局限性之一是各因素必须有同一的水平数。其次，用拉丁方及正交拉丁方做的设计，不能分析因素之间的交互作用。所以，只有在事先能肯定交互效应不存在，或不作为试验探讨的重要目的时，这种设计才能用。

下面我们要介绍另一种方法，它利用一种事先编就的、名为"正交表"的表格。先通过几个实例（表 4.1 到表 4.3）来说明什么是正交表。

表 4.1　正交表 $L_8(2^7)$

列号 行号	1	2	3	4	5	6	7
1	1	1	1	1	1	1	1
2	1	1	1	2	2	2	2
3	1	2	2	1	1	2	2
4	1	2	2	2	2	1	1
5	2	1	2	1	2	1	2
6	2	1	2	2	1	2	1
7	2	2	1	1	2	2	1
8	2	2	1	2	1	1	2

表 4.1 中，记号 $L_8(2^7)$ 中的字母 L，是正交表的符号，无特殊含义。下脚的数字 8 表示表的行数。2^7 中的 2，表示表中每列只含 1、2 这两个数字，7 则是表的列数。

下面的表 4.2 的正交表 $L_9(3^4)$，其解释完全类似。

196

表 4.2 正交表 $L_9(3^4)$

列号 行号	1	2	3	4
1	1	1	1	1
2	1	2	2	2
3	1	3	3	3
4	2	1	2	3
5	2	2	3	1
6	2	3	1	2
7	3	1	3	2
8	3	2	1	3
9	3	3	2	1

此外，正交表每列所含不同数字的个数可以不同。

表 4.3 正交表 $L_8(4 \times 2^4)$

列号 行号	1	2	3	4	5
1	1	1	1	1	1
2	1	2	2	2	2
3	2	1	1	2	2
4	2	2	2	1	1
5	3	1	2	1	2
6	3	2	1	2	1

| 7 | 4 | 1 | 2 | 2 | 1 |
| 8 | 4 | 2 | 1 | 1 | 2 |

在表 4.3 中的 4×2⁴，表示该表含有 2 种不同的列：一种有 4 个不同数字，只有 1 列；另一种列含 2 个不同数字，共有 4 列。8 的意义与前面解释的一样，是表的行数。

现在利用这几个表来解释"何为正交表"这个问题，就是说，讲清楚一个表要成为正交表所必须满足的条件。

1）表的每一列中，不同数字出现的次数相同。

如在表 4.1 中，只有 1、2 两个不同数字，在表的各列中都出现了 4 次；在表 4.2 中，有 1、2、3 等 3 个不同数字，在表的每列中各出现 3 次；在表 4.3 中，第一列有 1、2、3、4 等 4 个不同数字，各出现 2 次，其余各列只含两个不同数字 1、2，各出现 4 次。

2）表中任何一列中的同一数字占据的那些行，在其他任何一列中，该列所含的不同数字都要出现，且出现相同次数。

如在表 4.3 中，第 1 列的数字 3 出现在第 5、6 行，而在第 2 列中，这两行的位置出现数字 1、2 各 1 次，其他 3、4、5 各列亦然。又如在表 4.3 的第 3 列中，2 占据第 2、4、5、7 这几行，而在第 5 列中，这 4 行的位置出现数字 1、2 各 2 次，在该表的第 1 列，

198

这 4 行的位置则 1、2、3、4 各出现 1 次。

讲清楚了正交表是怎么一回事，现在可以来讨论我们的主要问题了：如何利用正交表来做部分实施的试验设计。有以下几个步骤。

（1）明确试验中涉及多少因素，各有多少水平。

（2）确定打算做的试验次数。

（3）根据前两项选用适当的正交表，并做"表头设计"。

（4）从表头设计确定要拿哪些处理做试验，这就是所确定的试验方案，"处理"一词前面已有解释，它是指每个因素各出一个水平的组合。

前两条的意义明显，重点是解释第 3 条，我们仍通过具体例子来做。

设一个试验中包含 4 个因素 A、B、C、D，各有 2 个水平。按以前介绍过的记号，这是一个 2^4 型试验，全面实施要做 16 次试验。现只打算做 8 次，即其 1/2 实施。我们把每个因素的 2 个水平都编号为 1、2。这样，此试验的一个处理就是 4 个数字依次排列。例如，1221 表示第 1 因素和第 4 因素用水平 1，而第 2 因素、第 3 因素用水平 2。现在的问题是，要把打算做试验的那 8 个处理找出来。

选用正交表 $L_8(2^7)$。选用此表的理由，一是表的行数 8 与拟做试验的次数相同，二是此表各列都只含数字 1、2，与各因素的水平 1、2 一致。

选定正交表后，把 4 个因素 A、B、C、D 分别安置在表的 4 个列的头上，如表 4.4 是一种可能的选择。

然后对每一行，按 A、B、C、D 所在列的次序，列出各列的数字，即成一个处理，这样共得 8 个处理。

$$1111, 1112, 1221, 1222, 2121, 2122, 2211, 2212 \qquad （9）$$

这些从全部 16 个可能的处理中排出的 8 个，即构成这个 2^4 试验的一个 1/2 实施设计。

表 4.4　加入 A、B、C、D 的正交表 $L_8(2^7)$

列号\行号	1 A	2 B	3 C	4 D	5	6	7
1	1	1	1	1	1	1	1
2	1	1	1	2	2	2	2
3	1	2	2	1	1	2	2
4	1	2	2	2	2	1	1
5	2	1	2	1	2	1	2
6	2	1	2	2	1	2	1
7	2	2	1	1	2	2	1
8	2	2	1	2	1	1	2

这个安排实现了"保持平衡"的要求。事实上，如以 Y_1, Y_2, $\cdots$, Y_8 依次记上述 8 个处理成这样的试验结果（目标值，例如农业试验中的亩产），则为比较因素 A 的两个水平的优劣，可算出在 A 的水平 1 之下 4 个试验结果的平均 $(Y_1+Y_2+Y_3+Y_4)/4$，与 A 的水平 2 之下 4 个试验结果的平均 $(Y_5+Y_6+Y_7+Y_8)/4$，再比较这两个平均值。由正交表的性质 2 可以知道，在计算上述两个平均值时，其他各因素起着同等的作用：例如，在 $Y_1+Y_2+Y_3+Y_4$ 中，B 的水平 1、2 分别在 Y_1, Y_2 和 Y_3, Y_4 中出现，各 2 次；C 的两个水平 1、2 也如此，而 D 的水平 1 在 Y_1, Y_3 中出现，水平 2 在 y_2 和 y_4 中出现，也是各 2 次。$Y_5+Y_6+Y_7+Y_8$ 的情况也一样。因此，这两个平均值的差异只体现了 A 的两个水平的优劣对比。如果考察别的因素的两个水平的比较，情况也一样。

假如试验中有 5 个因素 A、B、C、D、E，全面实施有 $2^5=32$ 次试验，但要求只做其 1/4 实施，即 8 次试验，则仍可用 $L_8(2^7)$ 正交表，只要把因素 E 放在表的第 5 列的头上就可以，所得的 8 个处理为

11111, 11122, 12211, 12222, 21212, 21221, 22112, 22121。

读者不难验证，对这个 1/4 实施的设计，仍有保持平衡的性

质。再推下去，若还有第 6 个因素 F，（F 及以下提到的 G、H，都只有 2 个水平）而要做 1/8 实施，或还有第 6、7 两个因素 F、G，要做 1/16 实施，这个表仍可以用，只要把因素 F、G 分别放在表的第 6、7 列的头上就行。这已达到了用这个表的极限：若再有一个因素 H，则这表上已排不下。[①]

通过这个例子，我们对正交表的参数在试验设计中的作用做了解释。行数表示（用此表做设计时，下同）拟做的试验次数；列数表示所能容纳的因素最大的个数；表中的数字表示因素的水平：如把某个因素，例如 A，放在表中某列的头上，则该列中所含不同数字的个数，必须与因素 A 的水平数相同。因此，若使用表 $L_9(3^4)$ 做试验设计，则：（1）要做 9 次试验；（2）至多只能有 4 个因素；（3）每个因素的水平数必须都为 3。当这些条件都满足时，表头设计的方法与上例一样。例如有 3 个 3 水平因素 A、B、C，全面实施有 $3^3=27$ 次试验，现做其 1/3 部分实施，有 9 次，可以把 A、B、C 依次放在表 $L_9(3^4)$ 的前 3 列的头上，再按行依次读出如下 9 个处理。

111, 122, 133, 212, 223, 231, 313, 321, 332

---

① 用高深的数学方法可以证明：若试验中包含 8 个或更多的因素而限定只能做 8 次试验，则不可能找到一种设计，它能对所有的因素保持上述意义下的平衡。

如果利用 $L_8(4\times2^4)$ 表设计试验，则试验中的 4 水平因素至多只能有 1 个，如果有，这个因素必须排在第 1 列，因只有这一列含有 4 个不同的数字；试验中 2 水平因素最多只能有 4 个，它们可安排在余下几列的头上。

我们前面多次提到"表头设计"，它指的是如何把各因素安排在表中各列的头上。在做这件事时我们只提了一个限制，即如把某个因素 A 放在某列的头上，则该列所含不同数字的个数，必须与 A 的水平数一致，此外就可以任意灵活安排。如果只讲到这一点，会以为"表头设计"是一件轻而易举的事，其实不尽然。

关键在于因素间的交互作用——我们前已解释过，所谓两个因素 A、B 之间有交互作用，指的是 A、B 中的任一个，例如 A，其各水平的优劣比较，取决于 B 处在哪一水平上。前几个例在谈到用正交表设计能保持平衡时，我们附加了一个没有言明的条件，即不涉及交互作用的问题，如涉及特定的交互作用，则在做表头设计时需要小心。仔细的论述涉及较高深的内容，我们只通过一个例子来说明这一点。

考虑前面讨论过的 2^4 试验：4 个因素 A、B、C 和 D，各有 2 水平，做 1/2 实施，共 8 次试验。用正交表 $L_8(2^7)$ 设计，前面我们说过，可以把 A、B、C、D 放在表中任意 4 列的头上，此前我们选择的是前 4 列，所得的 8 个处理为（9），我们也可以选择把 A、B、C、D 分别排在第 1、2、4、5 列，所得的 8 个处理将为

$$1111, 1122, 1211, 1222, 2112, 2121, 2212, 2221。 \qquad (10)$$

当然，这个 1/2 实施也保留了每一因素 2 个水平之间比较时，其他各因素的作用保持平衡的特性——这是由正交表的两条基本性质带来的结果，与列如何选择无关。

但是，如果我们试验的目的还包括搞清楚某些因素之间，例如 A、B 之间，是否有交互作用，则两个设计（9）和（10）不一样：（9）不能达到这个目的，而（10）可以，下面来解释这一点。

设采用设计（9），为考察 A、B 之间有无交互作用，要计算两个量：

$d_1 =$ 在 B 的水平 1 之下，A 的两个水平试验平均值的差，

$d_2 =$ 在 B 的水平 2 之下，A 的两个水平试验平均值的差，

先算 d_1。B 处在水平 1 的试验结果有 4 个，即 y_1, y_2, y_5, y_6，其中 y_1，y_2 是 A 处在水平 1，而 y_5, y_6 是 A 处在水平 2，故 d_1 应由

$$d_1 = (y_1 + y_2)/2 - (y_5 + y_6)/2 \qquad (11)$$

来计算，可是从（9）不难看出：在 y_1 和 y_2 中，因素 C 处在水平 1，

204

而在 y_5 和 y_6 中，因素 C 处在水平 2，故 d_1 所反映的东西还包括了 C 的两个水平的差异，不全是我们所需要的，这样，比较就失去了基础，对 A 也可以看出同样的问题。这表明：在设计（9）（它是由分别把因素 A、B、C、D 放在表的前 4 列而得到的）之下，A、B 之间的交互作用，如果存在的话，没法通过试验结果分析出来。

现在我们来看看，若采用设计（10），情况会如何。在这个设计下，B 处在水平 1 的试验结果有 4 个，也是 y_1, y_2, y_5, y_6，因此 d_1 仍由公式（11）计算。但这时在 y_1+y_2 以及 y_5+y_6 中，都是 C 的两个水平各出现 1 次，D 的两个水平也各出现 1 次。这样一来，d_1 只反映了在 B 的水平 1 之下，A 的两个水平的优劣比较，而与 C、D 无关。

类似地算出在 B 处在水平 2 之下，A 的两个水平的试验平均值之差为

$$d_2=(y_3+y_4)/2-(y_7+y_8)/2,$$

不难看出，d_2 也是反映了在 B 处在水平 2 之下，A 的两个水平的优劣比较，而与 C、D 无关。这样，为考察 A、B 之间的交互存在，只需比较 d_1 和 d_2，若二者差别大，则判定 A、B 之间的交互作用显著，否则就不显著。这里得有个界限，而这个界限，是考虑到试验

结果中有随机误差的影响，经过适当的统计分析方法而定出的。

最后，细心的读者必然会产生一些问题。例如，怎么知道，为考察 A、B 的交互作用，设计（9）不行而（10）就行？还有，很可能需要考察的交互作用还不止于 A、B 之间。理论上一共可以有 6 个交互作用：A 与 B、A 与 C、A 与 D、B 与 C、B 与 D 和 C 与 D。在一个具体的试验中，我们可能只要求考察这 6 个交互作用的一部分，如做 8 次试验，即用 $L_8(2^7)$ 表，最多能考察几个？如具体给出了需要考察的交互作用，例如，A 与 B 及 B 与 C，如何去做出相应的表头设计？

第一个问题易回答（但要讲清道理就不易）：能考察的交互作用的个数，等于表的列数减去试验中包含的因素的个数。如在本例中，用 $L_8(2^7)$ 表，共 7 列，若试验中包含 4 个因素，则能考察的交互作用个数为 7−4=3，这可以是以上列举的 6 个交互作用中的任意 3 个。如果有 5 个因素，则只能考察 2 个交互作用，等等。可以问：若有 5 个因素，而试验的目的中包含了必须考察 4 个交互作用，那怎么办？答案是必须增加试验次数，用 $L_{16}(2^{15})$ 正交表。用此表需要做 16 次试验，但表有 15 列，因素有 5 个，15−5=10，这个表可考察 10 个交互作用。这就是说，若用 $L_{16}(2^{15})$ 表做 16 次试验，则一切交互作用都可以考察，16 次试验相当于 2^5 试验的 1/2 实施。这表明部分实施不一定非要牺牲某些交互作用不可。

第二个问题的回答就涉及较多的数学，此处不能细谈了。我们只指出，对 2^n 型试验（n 个因素，各 2 水平）而言，此问题已有圆满的解决。统计学家根据研究出的结果制成了表，叫"交互作用表"。每一个 2^n 型正交表都有一个配套的交互作用表，根据这个表，使用者就可以适当地安排表头，使得根据试验结果，可以考察那些事先指定要考察的交互作用。

除 2^n 型试验外，另一个有了完善解决的情况是 3^n 型试验。更复杂的情况，尤其是各列包含的数字不一的情况，问题就比较麻烦。而且，也不是每一个正交表必定有相应的交互作用表存在，这种表只能用在不考虑交互效应的试验的设计中。关于正交表的构造问题，现在仍是数学家和统计学家研究的一个热门课题。

第 5 章　数据的统计分析
——机会限度的认识

讲完了收集数据的问题，在本章中我们要转向数据的统计分析方面。这个问题在前面已谈了一些，如在第 3 章中谈及用算术平均去估计总体平均值及其误差问题和区间估计问题，这些都是重要的统计分析方法。相比较起来，统计分析问题的讨论涉及的数学问题更多更复杂，不宜在本书中过分深入，而只能做一些原则性的解释。想要实地应用这些方法的读者，还得去研读有关的统计学教科书。

5.1 显著性检验

按现代生物学的观点，生男生女应有同等的机会。印度著名统计学家 C.R. 劳在其所著《统计与真理》一书中提到，他在加尔各答印度统计研究所给一年级研究生上课时，经常让他们去附近的一家医院，记录相继在医院出生的婴儿的性别，以获得关于二元随机序列的直观概念。但很早以来，人类从经验中了解到一个现象：生男的机会略大于生女。最早提到有关的统计数字的一本著作，是格朗特的《关于死亡公报的自然和政治观察》——此书及其在统计学史上的地位曾在第 3 章中提及。

　　格朗特在书中根据多年的统计资料，计算出当时在伦敦生男生女的比率为 14：13。他说："这表明比起国内的其他地方来，伦敦更倾向于生男孩。"他做出这一论断，可能是由于他对伦敦以外的统计资料不了解，以及他相信生男生女应有同等的机会的观点。他在书中也建议对此做进一步的研究。

　　到 1710 年，有一位名叫阿布兹诺特的学者，在英国皇家学会宣读了一篇题为《从两性出生数观察的规律性所得关于神的意旨存在的一个论据》的论文，从数学的观点对此问题做了探讨。他研究了自 1629 年至 1710 年伦敦出生的男婴、女婴数目，发现在这连续的 82 年中都是男多于女。他于是如下这样推理。有两种可能性：（1）生男生女纯出于偶然（即有同等机会）；（2）由于"神的意旨"，生男的机会大于生女。如果（1）成立，则在一年内出生的男婴多于女婴的概率，不超过 1/2，因而连续 82 年出现这种情况的概率，不应超过 $(1/2)^{82} < 10^{-24}$。概率如此小的一个事件（相当于一个盒子中有 1 亿亿亿个球，其中只有一个白球，要在一次随机抽取中恰好抽到这个白球）居然发生了，这是不合情理的。因此，我们有理由否定（1）而接受（2）。

210

阿布兹诺特的工作在统计史上有重要的意义，因为他首次提出了利用统计数据去验证一种说法（理论、学说、假说等）是否成立的问题，并在该特定的问题中提出了具体的处理方法。经过20世纪前期一些重要的统计学者的发扬光大，发展成统计推断中最重要的分支之一——假设检验，即用数据资料去检验某一假设（说法）是否成立。

我们曾多次提到的费歇尔，是这些大学者之一。他曾用一个"女士品茶"的例子来说明他的"显著性检验"的思想。一种饮料由牛奶（milk）和茶（tea）混合而成，调制时可以先倒茶后倒牛奶（TM），也可以先倒牛奶后倒茶（MT）。有一位女士说她能分辨（鉴别）此二者。费歇尔设计了一个试验来检验该女士的说法是否属实。试验的布置如下。准备8杯看上去一样的饮料，其中TM和MT各4杯，把这一点告诉该女士（但不指出哪4杯是TM），然后让她品尝这8杯饮料，指出哪4杯是TM。根据她的回答来估量她是否确有分辨TM和MT的能力。

现设结果是该女士4杯全说对了，该如何评估这个结果？费歇尔的推理与阿布兹诺特相似。假设该女士毫无分辨能力，则这8杯饮料对她来说毫无差别，她从中挑出4杯，纯是一种随机的举动，

即挑出任意 4 杯都有同等可能。从 8 杯中挑出 4 杯的不同挑法，有

$$C(8, 4) = \frac{8 \cdot 7 \cdot 6 \cdot 5}{1 \cdot 2 \cdot 3 \cdot 4} = 70$$

种（见第 1 章公式（2）），其中只有一种是全部挑对，其可能性（概率）只有 1/70。因此，在"该女士 4 杯全部挑对"这个试验结果出现时，只有两种可能的解释：

1. 该女士对 TM 和 MT 并无鉴别力，所得结果纯属偶然；

2. 该女士对 TM 和 MT 有一定的鉴别力。

按上面的计算，若坚持第一种解释，则我们就得承认：发生了一件其概率只有 1/70 的事情。由于 1/70 相当小，这看上去不大可信，因而我们摒弃这一解释而接受第二种解释。结论：试验结果支持"该女士对 TM 和 MT 有一定鉴别力"的说法。

费歇尔的推理中包含以下几个要点。（1）问题是要辨明试验结果是否支持某种效应（例如，能分辨 TM 和 MT）。（2）把"效应不存在"作为一个"假设"。如在本例中，"假设"就是该女士对 TM 和 MT 无鉴别力。（3）找一个显示试验结果与假设之间的偏差的量，在"假设正确"的前提下，计算出现这么大偏差的概率 p。（4）如果 p 小到某个程度，以至认为是发生概率这么小的事件为不可信，则认为数据没有给假设以足够的支持，或反过来说，数据支持"效

应存在"的说法。反之，若 p 并非足够小，则数据没有给予"否定假设"以足够的支持，换一个说法是：对"效应存在"的说法，从数据中并未得到充分的支持。

为使大家对这个程式有更清楚的理解，我们把刚才的例子再拿来分析一下。用 x 记该女士挑对的杯数，x 可以为 0, 1, 2, 3, 4，它是一个可以显示试验结果与假设（该女士无鉴别力）之间的偏差的量。若 $x=0, 1, 2$，则显然不构成怀疑假设正确的理由，因为她即使凭空瞎碰，平均也有猜中 2 杯的可能。若 $x=3$ 或 4，则表面上显示她可能有一定的鉴别力，但是否已超出了"瞎碰"所能解释的范围呢？这就要具体分析。对 $x=4$ 的情况我们已做了计算：单凭"瞎碰"做到这一点的机会只有 1/70，这数字太小，使我们觉得，把她的成绩委之于碰运气不甚合理，因而倾向于否定她没有鉴别力的假设。若 $x=3$，则计算表明，即使纯凭瞎碰，该女士得出这么好甚至更好的成绩的概率，也有 $17/70 \approx 0.243$，接近 1/4。1/4 的概率不算太小。好比说，4 人抽签分一张票，你有幸抽中了，算不得碰上大运气的事。因此，$x=3$ 这个结果，没有给否定"女士无鉴别力"这个假设以充分的支持。

费歇尔把这种性质的推理叫作"显著性检验"。显著一词，是

指由数据中反映"效应存在"的显著程度如何，而这显著程度则是用概率来表示，概率愈小，显著性愈高，肯定效应存在的理由就愈充足。在应用上，可以用两种方式来解释数据分析的结果。

一种是只把算出的显著性作为对"效应存在"的支持力度的一种评估，不一定需要做出一个黑白分明的结论。拿上例来说，若 $x=4$，我们评估说它给效应存在的说法以较充分的支持，而不必直言断定"效应存在"。若 $x=3$，则说数据给"效应存在"的支持力度不大，也不必直言断定"效应不存在"。

另一种是必须得出一个黑白分明的结论。比如说我们尝试某种工业品生产工艺的改变，而要检验这是否有助于改善该产品的质量。在这时，所做的假设是"这改变对改善产品的质量无益"。我们必须通过试验做一个决定：若决定接受这个假设，则什么也不做，一仍旧贯；若否定这假设，则按改变后的工艺进行生产。

解决这个问题的方法，是要对标志显著性的概率给定一个阈值。若算出的概率低于此阈值，即认为显著程度已足够大，因而就否定所做假设。反之，则认为显著性还不够，尚不足以构成否定所做假设的充分理由，也就是说，接受原来所做的假设。

阈值的设定并无客观的标准，但目前统计学上的习惯是将其规范化到几个常用的值：最常用的是 0.05，其次是 0.01、0.10，更小或更大的值也可以根据情况的需要去采用。相应地，在统计学上有"达到 0.05 的显著性""达到 0.01 的显著性"等说法。拿"女士品茶"这个例子说，若她 4 杯全说对，概率为 1/70，它大于 0.01 而小于 0.05。故若把阈值定为 0.05，则我们做出"否定假设"的结论，即认为该女士对 TM 和 MT 有鉴别力；若把阈值定为 0.01，则尚不能做出这样的结论。

读者可能会感到惶惑：同样的试验结果，仅由于阈值选择的不同，所得结论完全两样，而阈值选择又无客观或法律的标准。对这个问题的解释，牵涉到统计方法的本性。如我们在第 2 章中曾指出的，统计方法是通过表面上的数量关系去探测事物的可能真实情况，它不能保证不犯错误。在对一个假设进行检验时，有可能发生以下两种错误之一：一是假设本来正确，却被否定了（女士对 TM 和 MT 本无鉴别力，被误认为有）；一是假设本不正确，却被错误地接受了（女士对 TM 和 MT 本有一定的鉴别力，被误认为无）。对不同的问题，这两种错误的后果不一。如拿工艺改变对产品质量有无改进的例子说，犯前一种错误不仅白白耗费了许多为改变工艺而用的资金，还有可能使产品质量恶化；犯后一种错误则可以丢失一个能改进产品质量的机会。这里面孰轻孰重，需要工厂有关人员根据问题的具体情况妥加权衡，阈值的设定就取决于这种权衡的结果：若前一种错误的后果相对更为严重，则应当设立一个较低的阈值，以使得所做假设不会轻易地被否定。在相反的情况，则可指定较大的阈值。如在上例，若改变生产工艺在投资上花费极大，则非有很显著的证据（认为改变后的工艺更好），不打算改变现有工艺。与此相应，就要设立很低的阈值。

在统计学上，把上面解释的阈值（0.05、0.01 等）叫作"水平"或"显著性水平"。如说"在 0.05 的水平上否定了所做假设"，就是指偏差的概率低于 0.05。阈值的人为性是一个常见的现象，往往是为了将事物分类而不得已做出的一种选择。例如考试，60 分算及格，59 分不及格。难道这 1 分的差别意义如此重大？当然不是。一般，学生某门功课不及格得重修。为决定谁是否需要重修，一个明确的数量界限是必需的，尽管它不尽合理。

上面的解释也与下面这个问题有关：在上面的讨论中，我们总是把"效应不存在"这一面作为假设去接受检验。在有的情况下，如在女士品茶这个例子中，这样做固然可能是因为打一开始我们就不相信所设想的效应可能存在，但也不尽然。如在改变工艺以图改

216

进产品质量的例子中，通常总会有一些根据认为质量可能因此得到改善，才会进入试验阶段。换句话说，我们是打一开始就相信效应可能存在。然而，即使在这样的情况下，我们仍要把假设定为"效应不存在"，这是为什么？

这有点像司法审判中的"无罪推定"概念。在对某种效应判定一个有无时，我们的出发点取为"无"，为的是防止将无说成有。"有"的判断通常意味着对已有事物（已有的工艺流程、种子品种之类）的更张，已有理论或学说的修正甚至否定等，其蕴含的风险可能出乎我们的预料，故对此应持慎重态度。这样来定假设，并辅之以较低的水平值（0.05、0.01 之类），使"无"的假设不至于在数据未提供充足证据的情况下被否定。这样一种行事稳健的倾向（说成是保守倾向也可以：保守有"不轻易做更张"的意思，不一定是贬义词），是将水平值取得较低的原因所在。

当然，把"有"说成"无"也是错误，它会使我们失掉机会，失去本可得到的收益。因此，也不能忽视这方面的问题。两全其美的解决是：设法找出一种检验方法，使犯这两种错误（无说成有、有说成无）的概率都尽量地小。这也就是"假设检验"这个数理统计学分支学科所研究的中心问题。应当指出的是：这不只是一个方法问题，更重要的是要有充足的数据。数据太少，偶然性的影响就增大，即使方法如何好也无济于事。确切一点儿说，在一定的数据量之下，方法的作用有一个限度在，我们只能通过对水平的选择来调控犯两种错误的机会的大小：把水平值调低增加犯第二种错误（把有说成无）的机会而降低犯第一种错误（把无说成有）的机会，而选择高水平值的效果则正与此相反。

现在要简略讨论一下检验方法的选择问题，这要回到我们就费歇尔"女士品茶"例子所总结出的几个要点。首先，要找一个显示试验结果与假设之间的偏差的量。在有些问题中选择是明显的。如在"女士品茶"的例子中，$x=$ 该女士挑对的杯数这个量，看来是唯一可能的选择。在有些例子中则不然。如为检验新工艺对产品质量的改善有无作用，我们检测 m 件在现工艺下的产品的质量指标，得 $x_1, x_2, \cdots, x_m$。再检测在新工艺下 n 件产品的质量指标，得 $y_1, y_2, \cdots, y_n$，考虑以下两个反映偏差的量。

1. $\bar{y} - \bar{x}$。$\bar{x}$ 是 $x_1, x_2, \cdots, x_m$ 的算术平均，$\bar{y}$ 是 $y_1, y_2, \cdots, y_n$ 的算术平均。如果指标愈大时产品质量愈好，则 $\bar{y} - \bar{x}$ 愈大，数据与"新工艺无效应"的假设的偏差就愈大。当它大过一定的限度 c（$\bar{y} - \bar{x} > c$）时，我们感到有充足的证据否定假设；若 $\bar{y} - \bar{x} \leqslant c$，则

认为证据尚不充分，假设不被否定。

2. 秩和 W。"秩"是指一个数据在全部数据中位次的高低。我们一共有 $m+n$ 个数据 $x_1, \cdots, x_m, y_n$，如果把它们由小到大排成一列，并将最小者的秩定为 1，次小者的秩定为 2，以此类推，到最大者的秩定为 $m+n$，则 $y_1, \cdots, y_n$ 这 n 个数据有 n 个秩，它们的和就是秩的和 W。例如，若

$$m=2, \ x_1=1.51, \ x_2=1.47,$$

$$n=3, \ y_1=1.55, \ y_2=1.46, \ y_3=1.52,$$

则这 5 个数据按由小到大排序为 y_2, x_2, x_1, y_3, y_1，3 个 y 样本的秩分别为 $5(y_1)$、$1(y_2)$ 和 $4(y_3)$，秩的和 $W=5+1+4=10$。显然，W 愈大，数据与"新工艺无效应"的假设的偏差就愈大。当 W 大过一定的界限 $d (W > d)$ 时，认为有充足的理由否定假设；若 $W \leqslant d$，则认为理由尚不充分。

这两种取法看上去都很合理，哪一种更好？这正是统计分析要解决的问题，因其涉及高深的数学理论知识，无法在此细论。我们只指出，方法的优良性取决于问题的具体情况，确切一点儿说，是取决于数据的概率分布，即数据所受随机性影响的确切描述。如在本例中可以证明：当数据服从正态分布（见第 1 章）时，用 $\bar{y} - \bar{x}$

优于用 W，但在数据服从许多别的分布的情况下，则用 W 优于用 $\bar{y}-\bar{x}$。分清在何种情况下使用何种方法为最优，就是统计方法研究的任务。

在解决了反映偏差的量的选择后，次一个问题是界限的选择。如在上例中，若选择 W，当 $W > d$ 时否定假设，这个界限 d 如何选取？这问题的回答在原则上简单：根据给定的检验水平值，我们要这样选择 d，使在假设成立的条件下，$W > d$ 这个情况发生的概率，恰好等于给定的水平值。例如，给定水平值 0.05，上述要求可以用公式表述为

$$P_0(W > d) = 0.05,$$

式中 P 是概率的记号。P 脚下有个"0"，表示概率是在假设成立的条件下去计算的。一个例子是女士品茶。在该例中，我们计算出在该女士对 TM 和 MT 并无鉴别力的条件下，4 杯全挑对的概率为 1/70。这"无鉴别力"就是我们的假设，它在计算概率时所起的作用是，使 70 种不同的挑法可视为同等可能的。其他的例子原则上与此类似，但具体计算的难易不同。在一些重要情况下，统计学家通过大量计算制成了表格，在应用时查表即可解决问题。在许多情况下，确切的计算很难，只能用一些近似的方法去处理。

以上讲述的这一套显著性检验的思想和方法，是费歇尔于 20 世纪 20 年代在英国一个农业试验站工作期间发展起来的。在那里，他经常碰到如比较几个种子品种、几种肥料和施肥方法之类的问题，也就是某种效应是否存在的问题。他处理的这些问题往往涉及多个对象的比较，比我们前面举的例子要复杂——该例只涉及两个对象（新、旧工艺）的比较。可能这样想：多个对象的比较可以通过每次取 2 个比较去处理。这不失为一种可考虑的方法，但在多数情况下不是最好的方法。为处理多个对象比较的问题，费歇尔发展了一套被称为"方差分析"的方法，这方法如今应用很广，是统计方法研究上的一项重大成就。这一套方法与我们在第 4 章中讲的试验设计密切结合：不同的试验设计，其数据的方差分析形式也有所不同。也应提到，显著性检验的发展也并非费歇尔一人的功劳。与他同时代的一些大学者，有的在特定问题的方法研究上有突出的贡献，有的在理论上建立了严密的体系，弥补了费歇尔研究中的不足之处。

5.2　拟合优度检验

　　英国统计学家卡尔·皮尔逊是现代统计学主要的奠基者之一。他生于 1857 年，比费歇尔大 33 岁。在费歇尔还是一个孩子的时候，他已成了举世闻名的大统计学家。费歇尔投身统计学，就是从学习他的系列论文《数学对进化论的贡献》开始的。在这系列论文中，皮尔逊提出了一些有基本意义的概念和方法，有的至今仍在沿用。他的工作大大促进了统计学从一些零散的方法走向系统化的独立学科的进程。他的儿子爱根·皮尔逊也是 20 世纪的顶级统计学家，与另一位大统计学家奈曼合作，在 20 世纪二三十年代建立了假设检验的理论架构。

　　如今要谈到卡尔·皮尔逊在统计学上的一项重要贡献，属于假设检验的领域，叫"拟合优度检验"。皮尔逊关于这个问题的文章发表于 1900 年，不少统计学者把此文的发表作为现代统计学兴起的标志。

　　我们先从几个实例开始。设想要把一个骰子拿来作赌具，需要使大家相信这个骰子是均匀的，即在投掷时各面出现的概率都是 1/6（表 5.1）。

表 5.1　投掷均匀骰子时，各面出现的概率

点数	1	2	3	4	5	6
概率	1/6	1/6	1/6	1/6	1/6	1/6

为此要进行试验：把这个骰子投掷 n 次，记录得 1, 2, $\cdots$, 6，各点出现的次数分别为 n_1, n_2, $\cdots$, n_6。问题是：所得数据与分布表（表 5.1）拟合（符合）得怎样？或者说，根据所得的试验数据，对"骰子均匀"这个假设能相信到怎样的程度？

另一个例子：一家工厂在一段时期以来记录到 15 次生产事故，其中早、晚班各 6 次，中班 3 次。这个数据使人怀疑发生事故的机会大小（概率）与班次有关，比如中班发生事故的可能性小一些。要用这些数据来检验一下。

检验的假设定为"各班次在事故概率上无差别"（表 5.2）。

表 5.2　假定各班次在事故概率上无差别

班次	早班	中班	晚班
事故概率	1/3	1/3	1/3

起初我们的怀疑是各班次事故的概率有差别，但把"无差别"列为受检验的假设，这样做的道理在前面已经解释过了。与上例一样，问题仍然是：所得数据（6, 3, 6）与分布表（表 5.2）拟合的程度如何。

推广以上两例，得到这类问题一般的提法。有一个随机变量 x，根据某种理论，其分布如表 5.3 所示。

表 5.3　x 的事故概率

x 的取值	a_1	a_2	$\cdots$	a_k
事故概率	p_1	p_2	$\cdots$	p_k

为检验这是否正确，对 x 进行 n 次观察，发现其取 $a_1, a_2, \cdots, a_k$ 等值的次数分别为 $n_1, n_2, \cdots, n_k$。问这一结果与分布表（表 5.3）拟合的程度如何。有的例子中表面上不是这个形式，但实质是如此。如在工厂事故的例子中，只需形式地引进一个变量 x（对早班，$x=1$；而对中、晚班，x 分别等于 2 和 3）就归入到表 5.3 的形式。

皮尔逊处理这个问题的想法是：找一个反映数据与假设的偏差的量 D，D 愈小，数据与假设之间的拟合就愈好。按一定的方法把 D 值转换成一个概率 $p(D)$。$p(D)$ 的意思可以确切地解释为：即使假设正确，但由于观察结果受到偶然性的影响，数据与假设之间也会呈现一定的偏差。偏差大到或超过 D 这样的限度的概率，就是 $p(D)$。$p(D)$ 愈大，就表明发现像 D 这么大的偏差不算稀奇，而我们就认为观察数据与假设拟合得比较好。如果 $p(D)$ 很小，就表明：所发现的偏差，仅从观察结果受到偶然影响这方面去解释就比较牵强。因此，把概率 $p(D)$ 称为（数据与假设之间的）拟合优度。如果要求一个黑白分明的判定，则可以定下一个阈值，例如 0.05、0.01 之类，当 $p(D)$ 小于此阈值时，就否定假设。这与费歇尔的显著性检验一样，此阈值也就是检验的水平。

下面要谈到皮尔逊如何去构造这个反映偏差的量 D。一共观察了 n 次，因为 X 取 a_1 为值的概率为 p，平均讲在 n 次观察中 X 应有 np_1 次值，而真实观察到的取 a_1 的次数 n_1，这两个值之差的平方，即 $(n_1-np_1)^2$，是观察结果与假设分布之间呈现的偏差（取平方是为避免产生负值以致正负抵消）。但皮尔逊把此量除以 np_1，即用 $(n_1-np_1)^2/np_1$ 取代 $(n_1-np_1)^2$。对每个值，$a_1, a_2, \cdots, a_k$ 都做这个计算，并将结果相加，就得到 D：

$$D=(n_1-np_1)^2/np_1+(n_2-np_2)^2/np_2+\cdots+(n_k-np_k)^2/np_k \quad (1)$$

它称为皮尔逊统计量。为什么要把每个平方相应地用 $np_1, np_2, \cdots$ 去除？这一点正是皮尔逊的工作中的精粹之处，其解释牵涉到复杂的理论问题。可以说的是：这是为了方便将 D 值转换为拟合优度 $p(D)$。

剩下的问题是如何将 D 转换为概率 $p(D)$。确切的转换公式现在还不知道，但皮尔逊导出了一个可用的近似公式，它依赖于一个复杂的概率分布，不能在此细述，我们只在表 5.4 中列出相应于阈值 0.05 和 0.01 的 D 值。这也只是一种近似，确切值现在还不知道。

表 5.4 对应于阈值 0.05 和 0.01 的 D 值

k 阈值	2	3	4	5	6	7	8	9
0.05	3.841	5.991	7.815	9.488	11.070	12.592	14.067	15.507
0.01	6.635	9.210	11.341	13.277	15.086	16.812	18.475	20.090

表中所列的，就是相应于某个 k（k 就是表 5.3 中的那个 k）和阈值的 D 值。若由数据算出的 D 值超过表中的值，则认为观察数据与假设的偏差，已大到不能仅用偶然性去解释的地步，而决定否定原假设。若 D 不超过表中的值，则认为偏差尚未大到不可用偶然性去解释的程度，而维持这个假设。当然，这不等于说证明了假设的正确性。也许是因为数据量太少，与假设的背离未能充分反映出来。有点儿像这个情况：在法庭上宣告一个被告无罪，不一定能理

解为确实证明了他无罪，只是说从已有的证据看，尚无足够的理由认为他有罪。

让我们用皮尔逊的方法来处理前面提到的例子。在工厂事故的例子中，$k=3$，$n_1=6$，$n_2=3$，$n_3=6$，$n=n_1+n_2+n_3=15$，$p_1=p_2=p_3=1/3$。代入公式（1），得 D 值为：

$$D=\{(6-5)^2+(3-5)^2+(6-5)^2\}/5=6/5=1.2$$

此值小于表 5.4 中 $k=3$ 所对应的 D 值。因此，在 0.05 的水平上，数据没有给"各班次发生事故的机会有差异"这个说法以足够的支持。事实上，更详细的统计表给出 D 值 1.2 所对应的拟合优度为 0.55。这甚至可以解释为，数据与"各班次事故概率无差异"的假设符合得很好。

不习惯于统计推理的人，对这样的结论可能难于理解。他们觉得，从数据上看，中班事故明显偏低，为何用统计方法一分析，反倒把这样明显的事实也否定了。其所以有这种误解，是因为对偶然性的影响估计不足。让我们来做一个试验：取 15 个球，准备 3 个盒子，上面分别书写数字 1、2、3。另外一个竹筒里放了 3 支签，上面也分别书写数字 1、2、3。每次取一个球，同时从竹筒中抽出一支签，将球放入签上所标数字的盒中。球放入每个盒中有同等机会，这相当于"各班次事故机会相同"的假设。把 15 个球全按上述方式处理完后，15 个球在 3 个盒子中的分布，个数不一定相同，甚至偶尔也可能有较大差别。但无论差别多大，都是由于偶然性的作用，并非某一个盒子占有优势。那么我们问：在这样纯粹的偶然性的作用下，3 个盒子中的球数呈现 6：3：6 甚至更大的差异的机会能有多少？答案是 0.55，即前面提到的 D 值 1.2 所对应的拟合优度。这样，纯系出乎偶然性的作用，已有一半以上的机会，产生出像数据中呈现的 6：3：6 甚至更大的差异。我们说数据没有给各班次事故概率有差异的说法以足够的支持，指的就是上述道理。

同样的计算表明，即使三个班次的事故数达到 7、1、7 这样不平衡的程度，在 0.05 的水平上仍不能否定"事故概率与班次无关"的假设。可以算出：纯粹出于偶然的原因，产生这么大甚至更大差异的机会，仍有约 0.10。这概率不算太小，因而不能排斥用偶然性来解释所观察到的差异的可能。

造成这种情况的原因是数据量不够。设想一共观察了 30 次事故而仍保持 7：1：7 的比例，即早、晚班各有事故 14 次，中班 2 次。按公式算出的 D 值为

$$D = \{(14-10)^2 + (2-10)^2 + (14-10)^2\}/10 = 9.6$$

228

查表 5.4 中的 $k=3$ 一栏，发现此值已超过了表中相应于 0.01 的界限。这表明：纯由偶然性产生这么大差异的机会，不到 0.01，因而我们放弃用偶然性来解释这结果的立场，转而支持"各班次事故概率确有差异"的说法。统计方法的要旨在于最大限度地利用数据中包含的信息。数据太少，提供的信息就不够，就不足以据此做出可靠的结论。

再看均匀骰子的例子。设将这个骰子投掷 60 次，结果出现 1, 2, 3, 4, 5, 6 点的次数，分别为 7, 6, 12, 14, 5, 16，其相应的频率依次为

0.1167, 0.1000, 0.2000, 0.2333, 0.0833, 0.2667,

这与"骰子均匀"（各点出现概率都是 $1/6 \approx 0.1667$）的假设相去甚远。按公式（1）计算 D 值为

$$D = \{(7-10)^2 + (6-10)^2 + (12-10)^2 + (14-10)^2 + (5-10)^2$$
$$+ (16-10)2\}/10 = 8.6。$$

查表 5.4 的 $k=6$ 一栏，发现此值未超过水平 0.05 的界限 11.070。故在 0.05 的水平上，尚不能说数据给"骰子非均匀"已足够的支持。

现设将骰子投掷至 9 000 000 次，发现 1, 2, …, 6 各点出现次数依次为

1 500 300, 1 502 100, 1 503 000, 1 498 500, 1 496 700, 1 499 400,

各点出现频率依次为

0.1667, 0.1669, 0.1670, 0.1665, 0.1663, 0.1666,

都与理论概率 $1/6=0.1667$ 相差甚微。故看上去给人的印象是：数据与"骰子均匀"的假设符合得很好。但具体按公式（1）计算 D 值，得出 $D=16.067$，超过了表 5.4 中的 $k=6$ 一栏中与水平 0.01 相应的值 15.086。这表明：如果承认骰子是均匀的，则产生这么大差异的机会不到百分之一，因而数据非常支持"骰子不均匀"的说法。在本例中，之所以能把这么小的差异也检定出来，是因为数据量特别大，其提供的信息使我们能做到"明察秋毫"的地步。

这两个例子的分析还给了我们一点重要的启示：一个效应或差异在统计上显著不显著，与其在现实上的重要性不完全是一回事。看一个效应或差异在统计上是否显著，只有一个标准，即这个差异是否超出了能用偶然性去解释的范围（当然，这个范围也是人制订的，有一定的弹性）。尽管差异很小，看上去没有应用上的重要意义，只要它不能合理地用偶然性去解释，就认为它在统计上有显著性。反之，尽管差异很大，从应用上看值得引起注意，但如它还可以用偶然性的影响去解释，则不能认为它在统计上有显著性。

更确切地说，要更可靠地认定数据所表现的差异确是实质性的，还
有待于进一步的研究，例如做更多的观察或试验，以提供更充分的
数据。

5.3　相关和相关系数

　　人的身高不能决定其体重，但我们知道二者有密切的联系。人
的收入与其肉食的消费量之间也有联系。大概收入高的人，其肉食
消耗量一般也会大些，但其关联的程度似不如身高体重那么密切，
因为收入高而好素食的人所在多有。也有些量，例如人的姓氏笔画
与其收入之间，似不存在什么值得重视的联系。这样的量在统计上
称为独立的，或相关为 0[①]。另有的量，其一的增长一般会导致另一
个的下降，这样的情况称为负相关，例如空气中污染物质的增加会
导致人口寿命的缩短。如果一个量的增长一般也会促进另一个的增
长，则称二者为正相关。身高与体重，受教育时间与收入，是正相

---

　　① 按严格的统计意义，"独立"和"相关为 0"（也称不相关）之间，还存在一定的差别，
但在应用上一般无关紧要。

关的典型例子。

各种量之间有无相关、相关程度的大小如何，有重要的实用和理论的意义。这问题的讨论不能只停留在定性的层次上。日常生活中常说的某某量之间关系"相当大""不很大""很小"，等等，只能给人一个粗略的概念。需要把其关系密切的程度加以量化，才能得到更清楚的认识并提供比较的标准。

这个问题的研究的先驱者，是英国的遗传学家兼统计学家高尔登（1822—1911），他提出了"相关系数"这个重要概念，作为两个量之间关联紧密程度的数量衡量。他是在研究父母身高与子女身高的相关性时提出这一概念的，后经卡尔·皮尔逊等学者的发扬光大，发展成一整套称为"相关分析"的理论和方法，成为统计学中一个有重要应用意义的分支学科，其中的中心概念就是相关系数。

相关系数是一个介于 −1 和 1 之间的量。两个量如有相关系数 −1，表明其有绝对的负相关，没有例外。例如，若一个人每月的收入恒定，则其当月的消费与储蓄之间，是绝对负相关，相关系数为 −1。**若两个量有相关系数 1，则它们之间有绝对的正相关，没有例外。**如汽车以匀速行驶，其行驶时间与距离就是绝对的正相关。**相关系数为 0 则表示二者没有关联**，如上文提到的姓氏笔画与收入的关系。此外，**还有下面两个情况。**

1. 相关系数大于 0 但小于 1。这称为正相关，表示其一的增加一般会促进另一的增加，但有例外。如人的身高体重：虽则身材高大的人一般体重会较大，但相反的情况也有。相关系数愈接近 1，二者的关系就愈密切，但只要达不到 1，二者的关系就不是绝对的。

2. 相关系数小于 0 但大于 −1，这称为负相关。上面对正相关的论述，只要把方向反过来，就完全适用于这里。

以上是对"相关系数是什么"这个问题的一种定性的描述，下面要讨论的问题是：如何根据观察或试验所得的数据去计算相关系数。以 x, y 记一对变量，对它们进行了 n 次观察，结果为 (x_1, y_1)，(x_2, y_2)，$\cdots$，(x_n, y_n)。例如 x 为身高，y 为体重。在人群中抽取了 n 个人，量得第一个人的身高体重分别为 x_1 和 y_1，第二个人分别为 x_2 和 y_2，等等。

把 $x_1, x_2, \cdots, x_n$ 求平均，得 $\bar{x} = (x_1+x_2+\cdots+x_n)/n$。计算 $x_1 - \bar{x}$，$x_2 - \bar{x}$，$\cdots$，$x_n - \bar{x}$，算出它们的平方和，再开方。

$$\Delta_x = \sqrt{\sum_{i=1}^{n}(x_i - \bar{x})^2} \qquad (2)$$

用 Δ_x 去除 $x_1 - \bar{x}$, $x_2 - \bar{x}$, $\cdots$, 结果记为

$$x_1' = (x_1 - \bar{x}) / \Delta_x ,$$

$$x_2' = (x_2 - \bar{x}) / \Delta_x ,$$

$$\cdots$$

$$x_n' = (x_n - \bar{x}) / \Delta_x 。$$

对 $y_1, y_2, \cdots, y_n$ 也做类似的处理，得

$$y_1' = (y_1 - \bar{y}) / \Delta_y ,$$

$$y_2' = (y_2 - \bar{y}) / \Delta_y ,$$

$$\cdots$$

$$y_n' = (y_n - \bar{y}) / \Delta_y 。$$

其中 $\bar{y} = (y_1 + y_2 + \cdots + y_n) / n$ ，而

$$\Delta_y = \sqrt{\sum_{i=1}^{n}(y_i - \bar{y})^2} , \tag{3}$$

最后算出

$$r = x_1' y_1' + x_2' y_2' + \cdots + x_n' y_n' , \tag{4}$$

r 就是相关系数。

为什么这样计算的 r 能反映相关的程度呢？要解释这一点，先提到下面这个数字相乘中的一个现象。有一组数 2, 4, 5，它由小到

大排列。另外有 3 个数 3, 4, 7，这 3 个数按任意次序排列，可排出 6 种不同的式样。

$$3, 4, 7；3, 7, 4；4, 3, 7；4, 7, 3；7, 3, 4；7, 4, 3$$

对每一种排法，将它与前一组数 2, 4, 5 依次相乘相加，可得以下 6 个数。

$(2, 4, 5)$ 与 $(3, 4, 7)$：$2×3+4×4+5×7=57$。

$(2, 4, 5)$ 与 $(3, 7, 4)$：$2×3+4×7+5×4=54$。

$(2, 4, 5)$ 与 $(4, 3, 7)$：$2×4+4×3+5×7=55$。

$(2, 4, 5)$ 与 $(4, 7, 3)$：$2×4+4×7+5×3=51$。

$(2, 4, 5)$ 与 $(7, 3, 4)$：$2×7+4×3+5×4=46$。

$(2, 4, 5)$ 与 $(7, 4, 3)$：$2×7+4×4+5×3=45$。

开始看不明白此计算为何目的，仔细观察上面的计算结果，我们看出，在第一组数 2, 4, 5 呈自然次序的条件下，另一组数愈是呼应这个次序，二者相应项的乘积和就愈大，反之就愈小。按 3, 4, 7 的排列与 2, 4, 5 一样，都是由小到大，故其乘积和 57，在 6 个数中也最大。反之，按 7, 4, 3 排列，与 2, 4, 5 的顺序完全相反，二者的乘积和 45，也就是 6 个数中最小的。其余情况介于上述二者之间。这个现象对任意的两组数都成立，这给我们一个启示。考察

$(x_1, x_2, \cdots, x_n)$ 和 $(y_1, y_2, \cdots, y_n)$ 这两组数，如 x 和 y 为正相关，则 $x_1, x_2, \cdots, x_n$ 的升降趋势，应与 $y_1, y_2, \cdots, y_n$ 的升降趋势相似。正相关的程度愈大，相似的程度也愈大，因此按上面观察到的现象，这两组数的乘积和 $x_1y_1+x_2y_2+\cdots+x_ny_n$ 会倾向于取较大的值。反之，若 x, y 为负相关，则 $y_1, y_2, \cdots, y_n$ 的走向会与 $x_1, x_2, \cdots, x_n$ 相反，因而其乘积和会倾向于取较小之值。因此，这个乘积和可以作为 x 与 y 相关程度的度量，但有一个缺点：一个量的值与其度量原点和单位有关，按这个方法计算，如果把单位缩小到原来的 1/10，则数据将增大 10 倍，而相关系数将增大 100 倍。为免除这个任意性，我们先把度量原点取到数据的中心位置 $(\bar{x}, \bar{y})$，这相当于用 $x_1-\bar{x}$，$x_2-\bar{x}, \cdots$取代 $x_1, x_2, \cdots$，用 $y_1-\bar{y}, y_2-\bar{y}, \cdots$取代 $y_1, y_2, \cdots$。最后，为免除单位取法上的任意性，分别用（2）（3）两式算出的 $\varDelta_x$ 和 $\varDelta_y$ 去除 $x_1-\bar{x}$ 等和 $y_1-\bar{y}$ 等，最后得到 $x_1', x_2', \cdots, x_n'$ 和 $y_1', y_2', \cdots, y_n'$（每一组的平方和都是 1），用这两组经过变换了的数据去计算乘积和，即公式（4）的 r，作为相关系数。数学上可以证明：这样计算的相关系数符合在 -1 到 1 之间这个条件。

　　下面通过一个例子来演示所讲的计算过程。设从某市男大学生中随机抽出 10 名，量测其身高和体重，结果表示为 (x, y)。其中，

x 为身高，单位为米；y 为体重，单位为千克。

  $(1.71, 65)$，$(1.63, 63)$，$(1.84, 70)$，$(1.90, 75)$，$(1.58, 60)$，

  $(1.60, 55)$，$(1.75, 63)$，$(1.78, 69)$，$(1.80, 65)$，$(1.64, 58)$，

  算出：

  $\bar{x} = (1.71 + 1.63 + \cdots + 1.64)/10 = 1.723$，

  $\bar{y} = (65 + 63 + \cdots + 58)/10 = 64.3$，

然后算出 $x_1 - \bar{x}$，$\cdots$，$x_{10} - \bar{x}$，例如，$x_1 - \bar{x} = 1.71 - 1.723 = -0.013$，得

$$-0.013, -0.093, 0.117, 0.177, -0.143,$$

$$-0.123, 0.027, 0.057, 0.077, -0.083,$$

其平方和开方，即 Δ_x，为 0.3259。类似算出 $y_1 - \bar{y}$，$\cdots$，$y_{10} - \bar{y}$，得

$$0.7, -1.3, 5.7, 10.7, -4.3, -9.3, -1.3, 4.7, 0.7, -6.3，$$

其平方和开方，即 Δ_y，为 17.835。以 Δ_x，Δ_y 分别除这两组数，得 x_1'，$\cdots$，x_{10}' 和 y_1'，$\cdots$，y_{10}'，分别为

$$-0.040, -0.285, 0.359, 0.543, -0.439,$$

$$-0.377, 0.083, 0.175, 0.236, 0.255,$$

以及

$$0.039, -0.073, 0.320, 0.600, -0.241,$$

$$-0.521, -0.073, 0.264, 0.039, -0.535。$$

其乘积和为样本相关系数 r,

$$r = (-0.040) \times (0.039) + (-0.285) \times (-0.073) + \cdots$$
$$+ (0.255) \times (-0.353) = 0.902,$$

是正相关且接近 1,样本中显示的相关程度甚高。

  以上讲的是有了样本如何计算相关系数。因 r 是由样本计算所得,故常称为"样本相关系数"。但样本只是总体的一部分,它受到偶然性的影响,故样本相关系数 r 中包含了偶然的成分,不一定能确实地反映总体中的相关情况。拿本例来说,要了解该市全体男大学生这个总体中身高 x 与体重 y 的相关,必须对全市每一个男大学生的身高和体重做量测,那样算出的相关系数 ρ(称为总体相关系数或理论相关系数),才确切反映相关的程度。通过样本算出的样本相关系数 r,只能看作 ρ 的一个估计。这误差能大到多少呢?与样本量 n(在此例为 10)有关:n 愈大,可能的误差就愈小。具体公式在统计学中有讨论,因过于复杂,不能在此细说了。这说的是估计问题,另一个在应用上重要的问题,是检验相关的有无。有两个变量 x、y(如身高,体重),其理论相关系数 ρ 未知,通过样本算出样本相关系数为 r,r 不为 0。有两种可能:一种是 ρ 本不为 0,即 x、y 在理论上存在相关;一种是 ρ 本为 0,即 x、y 本无关联,r

之所以不为 0 纯系由于偶然性所致。到底是哪一种情况呢？这要看 r 的绝对值 $|r|$ 大到何等限度 [①]。如 $|r|$ 较小，就不能否定 $\rho=0$（x、y 不相关）的假设。若 $|r|$ 大过一定的限度，就否定 $\rho=0$，而按 r 的符号判定 x、y 是正相关还是负相关。问题是这个界限如何定。这在统计学上是很复杂的问题，我们只在表 5.5 中列出一部分的结果，这表是对显著性水平 0.05 制定的。

表 5.5　相关系数的 0.05 界限值

样本量	10	20	30	40	50	60	70	80	90	100
界限值	0.63	0.42	0.35	0.30	0.27	0.25	0.23	0.22	0.21	0.19

例如，你抽的样本有 10 个（样本量为 10），则算出的样本相关系数绝对值 $|r|$ 必须大于 0.63，才能否定 $\rho=0$（即 x、y 不相关）的假设。如果样本量为 100，则 $|r|$ 只需大于 0.19 就行。其所以如此，是因为样本愈少，受偶然性的影响就愈大，r 作为 ρ 的估计的可信度就愈低，因而需要 $|r|$ 是很大的值，才能使我们觉得有理由判断 ρ 不为 0。就上例而言，r 达到 0.909，远超过表中相应于样本量 10 的界限值 0.63。事实上，即使把显著性水平的要求提高到 0.01，r

---

[①]　一个数去掉符号称为其绝对值，如 3.1 的绝对值为 3.1，-3.1 的绝对值也是 3.1，如人走路，向东行为正，西行为负。绝对值就是只管你走了多远而不管方向。

的值仍超过界限 0.76。

在一些实际问题中，有关的因素或者不是以数量的形式表述，或者虽可以用数量形式表述，但已按这数量划分了类别。前者如一个人是否吸烟（分两类），是否患某种疾病，是男是女，是否习惯于用左手之类；后者如将人的收入分成富裕、小康等类别。在这种情况下，相关性的计算不能沿用前面的公式（4）。限于篇幅，此处不能深入讨论这个问题，只举例讲述一下如何去检验因素之间有无关联。

为考察性别与使用左手的习惯有无关联，美国有人在 1962 年抽样调查了 6672 人，结果如表 5.6 所示。

表 5.6　1962 年美国对男女使用左右手情况的调查结果

	男	女	合计
使用右手	2780	3281	6061
使用左手	311	300	611
合计	3091	3581	6672

问题是要判断使用左手的习惯与性别有无关联。按我们在上节讲过的理由，我们立下一个假设，即"使用左手的习惯与性别无关"，然后看是否有足够的根据否定这个假设。按表中的数据，有

男右 / 男左 =2780/311，女右 / 女左 =3281/300

二者之差的平方，即

$$A=(2780/311-3281/300)^2=(2780\times300-3281\times311)^2/(311\times300)^2$$

是一个反映数据与假设（与性别无关）的差异的合适指标。于是我们可以在 A 超过某个界限时，否定假设。这么做的困难是界限不好定。理论上的研究表明，若把 A 如下做适当的修改，

$$B=6672\times(2780\times300-3281\times311)^2/(6061\times611\times3091\times3581),$$

则可以使用表 5.4 提供的界限，用 $k=2$ 一栏。修改的内容，是把 A 的算式中的分母改为表 5.6 中除右下角以外的 4 个合并数的连乘，再将结果乘以总合计数，在此例中为 6672。

此例计算结果为 $B=5.65$。查表 5.4 中 $k=2$ 一栏，看出 B 值超过 0.05 对应的界限而未超过 0.01 的界限，意思是，如果否定假设（即认为用左手的习惯与性别有关），搞错的机会小于 0.05，但大于 0.01。

从表 5.6 中的数据算出，男、女性的"左手率"分别为 $311/3091\approx0.1$ 和 $300/3581\approx0.08$，有两个百分点的差距。上面的检验也证实，这个差距是本质的而不能委之于偶然性。这里面的原因何在，这是要由心理学家、生物学家等相关研究者去研究的问题。数据的统计分析只是在表面上揭示了关联性的存在，回答不了"所

以然"的问题。有一种说法认为，由于用左手不符合社会习惯，女性对此比较敏感，因而更留意矫正。

也就是说，差异是由于社会或心理的原因而非生理原因。

作为第二个例子，考察 1936 年在瑞典调查的 25 263 对夫妇。按其所生小孩数及其收入分类，结果为表 5.7 所示。

表 5.7　1936 年瑞典对 25 263 对夫妇所生小孩及其收入调查结果

小孩数 ＼ 收入	0~1	1~2	2~3	3 以上	合计
0	2161	3577	2184	1636	9558
1	2755	5081	2222	1052	11 110
2	936	1753	640	306	3536
3	225	419	96	38	778
4	39	98	31	14	182
合计	6116	10 928	5173	3046	25 263

表 5.4 中的收入是以千瑞典克朗为单位的。粗略看这个表得出的印象是，收入愈少的夫妇小孩愈多。但这是实质的还是由数据的偶然性所致？处理这个问题的办法与上例一样：立下一个假设，即"小孩数与收入无关"，然后看数据是否给它足够的支持。我们总是把"效应不存在"取为假设，原因是我们不想在证据不充足的情况

下声称收入与小孩数确有关联。

检验这个假设所涉及的计算与上例相似，但大为复杂化了。取表中 20 个数据（合计数以外的）中任一个，例如 3577。此数在横、竖两个方向对应的合计数，分别为 9558 和 10 928，总合计数为 25 263，计算 B 值

$$B(3577) = (3577 \times 25\,263 - 9558 \times 10\,928)^2 /$$

$$(25\,263 \times 9558 \times 10\,928) = 75.173,$$

对 20 个数据中每一个都做这个计算，再把结果相加，得出总的 B 值，然后把它与表 5.4 中的值比较，但要查

$$k = (5-1) \times (4-1) + 1 = 13$$

那一栏，注意 5、4 分别是两种分类的类别数。表 5.4 未提供 $k=13$ 的数据，查更仔细的统计表，得出对 $k=13$，相应于 0.05、0.01、0.001 的界限值分别为 21.026、26.217 和 32.909。仅 $B(3577)$ 一项已大于 32.909，故其余的项已不必再算。结论是：小孩数与收入的关联高度显著。如果我们从这组数据做出"小孩数与收入有关联"的结论，犯错误的概率不到千分之一。以后有许多统计资料都证实了这一点。

但是，是因多生而导致贫困，还是贫困导致多生，就不是单由

这一数据分析所能回答的问题。

5.4　回归方程

相关系数给了两个变量之间关系紧密程度一个数量刻画。在应用上，我们更感兴趣的，往往是其关系的一种更确切的描述，以使我们能够从一个变量之值去预测另一个的值。举例来说，现在不少人都担心超重，因为有资料证明：肥胖是许多严重疾病的一个诱因。我们知道，体重与身高有关。一个 1.9 米的人重 80 千克，不能算超重，但如一个 1.55 米的人有这个体重，可能就属于重度肥胖了。由这可以看出：问题是要找到身高和体重之间的一种标准关系，以此来衡量一个人是否超重或过瘦了。

这样的标准关系不能从医学的理论上推导出来，它应是试验的产物。这里有两种观点。一种是：某人是否过胖或过瘦，有绝对的标准。另一种看法是相对的标准：某人是否过胖或过瘦，是在与群体中的人相比较而定的。目前流行的某些非正式标准（总是把体重与身高联系起来）都是属于后者。它是经验性的，只能从分析数据，

244

即用统计的方法得到。例如，以 x 记人的身高（单位为厘米），y 记人的体重（单位为千克），一个流行的公式是

$$y=x-105。 \tag{5}$$

例如，一个人身高为 173 厘米，则按此公式，其体重应为 173－105＝68 千克。这当然不是说每个人的身高和体重必然适合这个关系，而是指平均值：身高为 173 厘米的人有许多，其体重有的超过 68 千克，有的不到 68 千克，平均说来是 68 千克。如果某人（身高 173 厘米）体重恰为这个数目，则是最标准的，但在此值上下浮动某个范围内也还可视为正常。比如，有一种说法把在由公式（5）算出的值上下 10% 的范围内算作正常，上下超过 10% 但不超过 20% 算作轻度肥胖或消瘦。例如，某人身高 175 厘米，则 175－105＝70 千克是标准体重，上下 10%，即在 63 千克到 77 千克之间，还算正常，在 77 千克到 84 千克之间算是轻度肥胖，84 千克以上则算是重度肥胖。

　　像公式（5）这种联系两个变量 x, y 的关系式，称为回归方程式。其意义是：x, y 之间本无严格的关系，这种方程也不是对群体中任一个体都对，而是在上面解释的平均意义上，或者说，它用一个简练的形式总括了 x, y 之间的复杂关系的大趋势。如图 5.1，其

中每一个点代表了 (x, y) 的一对观测值（如一个人的身高和体重），对 (x, y) 做了多次观测，就得到图中的许多点，这在统计学上称为散点图。从散点图看，x 和 y 之间的关系很乱，好比在现实中，人的身高和体重的关系，什么情况都有。但在这种纷乱中，我们看出一个大的趋势，由图中的直线 l 所描述。这条直线 l 就是根据所有的数据（散点图上的数据）而定出的，称为回归直线，其方程称为回归方程，公式（5）是一个例子。

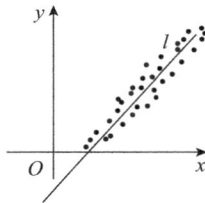

图 5.1　散点图与回归直线

　　回归方程不是变量之间关系的严格刻画，而只是其一种平均性质的概括。正如有一大批数据，其值各个不同，它们的算术平均可视为这批数据的一个概括，其代表性如何，要看这组数据的散布程度。散布愈小，代表性愈大。拿回归方程去刻画一对变量之间的关系，其代表性如何，取决于我们前面讲到的相关系数 r，$|r|$ 愈接近

1，x 和 y 的关系就愈密切，回归方程的代表性就愈强，图 5.2 中画出了几种有代表性的情况。(a) 是样本点全集中在一直线 l 上，此直线就是回归线并当然有完全的代表性，这相应于 $r=1$（正相关）的情况。(b) 与 (a) 相似，只是方向相反，相应于 $r=-1$ 的情况（负相关）。(c) 的情况是 r 介于 0 与 1 之间，有一定的代表性，但远不如 (a)(b)。(d) 则相应于 r 接近 0 的情况，x 和 y 的关联很小，回归方程没有多大意义。

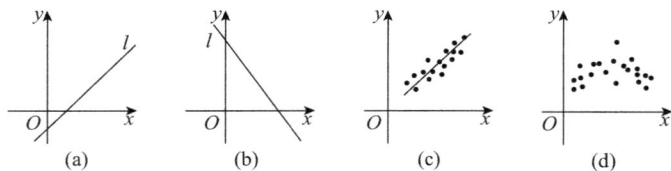

图 5.2　回归线的代表性

依靠数据（散点图）做出的回归方程，称为经验回归方程，因为它并非根据某种理论而得出的。作回归方程的一个简单但不太准确的方法是目测，即把数据标在坐标纸上构成散点图，依其走势画一条直线，看上去最能代表这群点的走势，如图 5.1 中的直线 l。更确切一些可用数学计算的方法，方法也不止一种，不同的方法算出的结果略有差别。这些都牵涉到较复杂的数学知识，不能在此细讲了。从统计分析的角度看，作出回归线还只是工作的第一步，更复杂的有一个误差估计问题。我们已经知道，回归方程并不代表 x、y 之间的确切关系，而是有一定的误差。这误差能大到多少？比如说，用公式（5）通过人的身高估计其体重，有多大的误差？前面我们提到的 10%、20% 的界限，只算是一种简化的做法，更确切的处理在统计学的专门著作中有讨论，比这要复杂得多。

回归在实际问题中应用很广。甚至可以说，它是统计分析中应用最广的一种方法。其应用主要在两个方面。一是预测，例如，利用公式（5），可由人的身高预测其体重。二是控制。在不少问题中，我们希望有目标变量，控制在某个指定的水平上，而 x 是可调节的。根据类似于公式（5）这种方程，可以通过调节 x 之值达到控制 y 值的目的。在实际应用中，情况比我们上面的讨论要复杂：我们只讨论了两个变量的情况，而在应用中往往同时要与许多个变量打交道，多的有几十上百个。另外，方程的形式也限于直线。在实际问题中可能涉及很复杂的情况，其处理比直线情况要麻烦得多。最后，我们来谈谈"回归"这个名称的由来，这个名称是高尔登在研究遗传现象时提出的。他当时思考下面的问题：

248

高个子的人生的子女一般偏高，照这样看，一代一代人在身高的分布上应有两极分化的趋势，即个子很高和很矮的人会愈来愈多，而处在中间状态的会愈来愈少。但现实观察到的情况却不是如此：一代一代人身高的分布基本保持稳定。高尔登思考这个矛盾如何解释。他得出的结论是：下一代的身高有向中心回归的趋势。具体是这样的，他收集了 205 对夫妇的 928 个成年子女的身高资料，分别以 x 和 y 记父母二人平均身高与其各子女的平均身高，高尔登建立了这样一个公式：

$$(y-68.25)=0.8(x-68.25) \qquad (6)$$

这里是以英寸 ① 为单位。68.25 是父代也是子代的平均身高，超过这个数的就是高个子，低于这个数的是矮个子。现考察这个方程（6）。设父母平均身高为 70.25（英寸），这比总平均 68.25 英寸高了 2 英寸，属于高个子之列。按公式（6），其子女的平均身高 y 为

$$y=68.25+0.8\times2-68.25+1.6=69.85（英寸），$$

子女的身高大于 68.25 英寸，仍属高个子之列，但只高出 1.6 英寸，不如其父代（比平均值高出 2 英寸）那么多。高尔登把这个现象说成是"子代身高向中心（68.25）回归"，这解释了各代人身高分布

---

① 1 英寸 =2.54 厘米。

能保持稳定的原因。

　　由于这个特例，后人就把反映变量之间的关系的方程称为"回归方程"，而统计学中有关的这一部分内容——通过数据建立方程，对其误差进行估计等，叫作回归分析。当然，在一般情况下，并不存在如高尔登此例中显示的"向中心回归"的现象，因此严格讲，回归这个称呼并不恰当。但这个称呼在统计学中已成了习惯，一直就沿用下来了。

参考文献

[1] 戴维·弗里德曼等. 统计学 [M]. 魏宗舒等，译. 北京：中国统计
    出版社，1997.

[2] 陈希孺，苏淳. 统计学漫话 [M]. 北京：科学出版社，1987.

[3] C.R. 劳. 统计与真理——怎样运用偶然性 [M]. 石坚等，译. 台
    北：九章出版社，1998.